NIÑOS, JÓVENES Y ADOLESCENTES:
ELLAS, ELLOS Y SU MÓVIL

— *Colección Comunicación y Pensamiento* —

NIÑOS, JÓVENES Y ADOLESCENTES: ELLAS, ELLOS Y SU MÓVIL

Coordinadores

Vicente Gonzálvez Pérez
Paula Renés Arellano
Natalia Gonzalez Fernandez

Autores
(por orden de aparición)

Mª del Carmen Reina Flores
Miguel Ángel Pertegal Vega
Paula Domínguez Alarcón
Lucía Menéndez Martínez
Márcia Barbosa da Silva
Ana Luisa Valle Razo
Ángel Torres-Toukoumidis
Luis M. Romero-Rodríguez
Alberto Sánchez Rojo
Josu Ahedo Ruiz
Teresa González-Ramírez
Ángela López-Gracia
Inmaculada Pedraza-Navarro

EGREGIUS
ediciones

NIÑOS, JÓVENES Y ADOLESCENTES: ELLAS, ELLOS Y SU MÓVIL

Ediciones Egregius

www.egregius.es

Diseño de cubierta e interior: Francisco Anaya Benitez

© Los autores

1ª Edición. 2019

ISBN 978-84-17270-51-3

ÍNDICE

PREÁMBULO

Los cambios sociales y tecnológicos que se están produciendo en los últimos años, influyen en las relaciones interpersonales, especialmente en las edades más tempranas y en la adolescencia. Como resultado de la presencia actual y predominante de los dispositivos móviles (ya sean teléfonos, tablets o pantallas, entre otros medios digitales) en la sociedad moderna, los docentes y las familias deben comenzar a dialogar sobre el uso adecuado de los mismos, así como de los valores éticos y ciudadanos que se proyectan hacia los niños y jóvenes. Porque la adquisición de dispositivos móviles, en las escuelas y en el hogar, presupone una aceptación tácita de los riesgos que ello puede generar.

Si bien se reconoce que los adultos realizan un uso adecuado y responsable a través de sus dispositivos móviles, la cuestión es si realmente los más jóvenes son responsables también en la utilización de diferentes apps, plataformas o redes sociales. En esta línea, que el alumnado en las escuelas asuma la competencia digital está directamente relacionado con la propia competencia mediática del profesorado. Las destrezas que los niños y jóvenes tienen que adquirir en la escuela deben ser favorecidas por actividades de aprendizaje por profesores competentes. De esta manera, resulta imprescindible atender a las demandas, necesidades y carencias digitales tanto del alumnado como del profesorado en formación inicial o permanente.

Es por ello, que en este capítulo se invita a compartir modelos teóricos, investigaciones, proyectos o experiencias prácticas en relación con una adecuada integración de los dispositivos móviles en los hogares y en las aulas de Educación Primaria y Secundaria, así como en la formación inicial y continúa del profesorado, teniendo en cuenta las temáticas descritas a continuación.

La primera contribución, titulada "Uso de redes sociales desde una comparativa de género", se inicia con un acercamiento a las redes sociales cuyo objetivo es profundizar en las diferencias de género en dicho uso, se llevó a cabo un estudio transversal correlacional en centros de Educación Secundaria y Universidad de Andalucía Occidental. La segunda contribución denominada "Estudio sobre la violencia de género presente en las redes sociales, dirigido a adolescentes" aborda la violencia de género como una de las problemáticas más importantes de nuestra sociedad, cuyo objetivo radica en identificar y examinar las situaciones de violencia de género que tienen lugar en las redes sociales en un grupo de adolescentes de 10 a 15 años.

Asimismo, este capítulo avanza en el tercer y cuarto capítulo sobre la competencia mediática y la alfabetización mediática a través de dos contribuciones, la primera enmarcada en una investigación de 2015 a 2017 de la Universidad Estatal de Ponta Grossa en colaboración con el LUME y otros organismos sobre la percepción de alumnos en relación con la competencia mediática, titulada: "Os meios e eu, como crianças lidam com a internet"; y la segunda, sobre el análisis de la influencia que ejerce el contexto social en el desarrollo de la alfabetización mediática en adolescentes de de Zapopan, Jalisco para conocer las características que propician la adquisición de las habilidades que se supone estar alfabetizado en la era digital y cuáles son las diferencias en el acceso y uso de medios y tecnologías en diferentes espacios: escuela, familia y comunidades virtuales, a través de la siguiente contribución: "La alfabetización mediática en adolescentes: un estudio comparativo entre escuelas secundarias mexicanas".

Finalmente, "La amistad adolescente en un mundo hiperconectado" realiza una aproximación a la revolución tecnológica y su influencia en el ámbito educativo a través de un análisis crítico de textos describiendo los elementos que caracterizan la manera en que los adolescentes se relacionan hoy en día, y centrándose posteriormente sobre una de las relaciones que en mayor medida marcan su formación humana durante esta etapa, la amistad.

Capítulo I

USO DE REDES SOCIALES DESDE UNA COMPARATIVA DE GÉNERO

Dra. Mª del Carmen Reina Flores
Universidad de Sevilla, España

Dr. Miguel Ángel Pertegal Vega
Universidad de Sevilla, España

Paula Domínguez Alarcón
Universidad de Sevilla, España

Resumen

Las redes sociales constituyen un nuevo contexto de desarrollo durante la adolescencia y la juventud, ya que como indican muchos estudios su uso está prácticamente generalizado. Aunque algunos estudios previos han encontrado algunas diferencias en el uso que chicos y chicas hacen de las mismas, los resultados distan de ser concluyentes. Con el objetivo de profundizar en las diferencias de género en dicho uso, se llevó a cabo un estudio transversal correlacional en centros de Educación Secundaria y Universidad de Andalucía Occidental. La muestra estuvo compuesta por 980 sujetos (55% chicas y 45% chicos) de edades comprendidas entre los 13 y los 25 años. Se administró de forma colectiva y anónima un cuestionario que recogía entre otros aspectos, información sobre tiempo y patrón de uso, tamaño de la red de contactos, así como la frecuencia de uso de un listado amplio de actividades en las redes. Para examinar las posibles diferencias entre chicos y chicas se llevaron a cabo diversos análisis de varianza, así como un análisis de componentes principales que permitió agrupar los distintos tipos de actividades en varias dimensiones, tales como actividades interactivas-comunicativas, actividades de seguimiento general de publicaciones, de seguimiento de páginas relacionadas con intereses y actividades de difusión de videos y eventos.

Los resultados mostraron que las chicas presentan de forma significativa tanto un mayor tiempo de uso como un mayor tamaño de la red de contactos. Además, las chicas también mostraron un mayor uso de actividades comunicativas tanto dirigidas (p. ej. comentarios a otros) como amplias (p. ej. subir o escribir cosas propias a la red en general), e incluso respecto a actividades relacionadas con el seguimiento de publicaciones.

En conclusión, nuestro estudio revela como las chicas no solo usan más las redes sociales, sino que además presentan un mayor uso tanto activo como pasivo.

Palabra claves

Redes sociales, género, actividades, tiempo de uso, adolescentes, jóvenes.

Introducción

Las redes sociales han sufrido, a lo largo de las últimas décadas, grandes cambios gracias al desarrollo de las nuevas tecnologías y el calado de éstas en la sociedad actual. Pese a que el fin con el que se crearon inicialmente era, y es, lúdico, se han convertido en una poderosa herramienta de socialización con un alto impacto en el ámbito social, además de constituir, en sí mismas, contextos socializadores con características propias que no tienen otros contextos.

Si bien cada red social enfoca las relaciones interpersonales de una manera diferente (hacer amistades, compartir gustos, expresar opiniones, buscar pareja, compartir información, proporcionar apoyos diversos...), casi todas ellas comparten una característica crucial que las diferencia de los contextos *in vivo:* relacionarse desde cualquier sitio y en cualquier momento con cualquier persona, llegando a muchos usuarios sin que esto suponga esfuerzo apenas (en comparación con otros contextos sociales) ni importe la distancia. O lo que es lo mismo: un solo mensaje, publicación o foto al alcance de incontables personas con un solo clic.

Lo que antes era un mero entretenimiento, ahora se ha convertido en una manera de relacionarse con los iguales y de satisfacer necesidades de diversa índole, siendo de especial interés las de tipo psicológico y social (Colás-Bravo, et al., 2013). Las nuevas generaciones han crecido en este contexto colindante, dinámico y en constante transformación que ha hecho que gran parte de la vida actual transcurra de forma *on-line* (Reich, Subrahmanyam y Espinoza, 2012; Subrahmanyam, Greenfield, y Michikyan, 2015), siendo las redes sociales uno de los principales motivos por el que los jóvenes emplean las nuevas tecnologías (Rial et al., 2014), ya que son herramientas con la que relacionarse con sus iguales de forma novedosa (Valkenburg, y Peter, 2007). Todo lo anterior hace que las actividades que se realizan en ellas cobren interés por su impacto en el desarrollo social de chicos y chicas durante su infancia, adolescencia y juventud (Lázaro, Mora & Sorzano, 2012), prestando especial atención a estas dos últimas etapas.

La comparativa de género en las redes sociales se ha estudiado desde diferentes perspectivas, construcciones de rol (Manago, Graham, Greenfield, y Salikman, 2008), estereotipos de género (López-Sáez, Morales y Lisbona, 2008; Ruiz, Carbonell y Oberst, 2012; Spence y Buckner, 2000), uso de las redes sociales (Colás-Bravo, González-Ramírez, y de Pablos-Pons, 2013), entre otras. Aunque no parece encontrarse diferencias en cuanto al tiempo de uso, si respecto a los intereses de uso mostrados por chicos y chicas (Colás-Bravo et al., 2008; Ruiz, y Río, 2009). En el presente estudio pretendemos profundizar en dichos intereses, indagando en los diferentes usos que chicos y chicas realizan de las redes sociales.

Objetivos generales y específicos

Con el objetivo de profundizar en el uso de las redes sociales por parte de chicos y chicas, se llevó a cabo un estudio transversal correlacional en centros de Educación Secundaria y Universidad de Andalucía Occidental. Se han estudiado, entre otras cosas, las diferencias de género en cuanto a uso y preferencias por actividades/redes concretas, así como su impacto diferencial en la forma de socializar de cada uno de ellos.

Método

Participantes

La muestra estuvo constituida por 980 sujetos que cursaban estudios de 3º y 4º E.S.O., Bachillerato, ciclo formativo y universidad de centros educativos de Andalucía Occidental. La distribución en cuanto al sexo fue 55% chicas y 45% chicos de edades comprendidas entre los 13 y los 25 años. Un 18,7% de adolescente cursaba 3º de ESO; un 19,1% 4º de ESO; 15,6% 1º Bachillerato; 15% 2º Bachillerato; 11,6% Ciclo Formativo 13% Universidad.

Instrumentos

Inventario de actividades y frecuencia de uso: creado ad hoc por el equipo, este instrumento recogía, entre otros aspectos, información sobre tiempo y patrón de uso, tamaño de la red de contactos, así como la frecuencia de uso de un listado amplio de actividades en las redes.

Malestar psicológico: se utilizó la Escala de Malestar Psicológico, (Kessler Psychological Distress Scale K10) de Kessler y Mroczek, (1994) adaptada por Alonso, Herdman, Pinto y Vilagut (2010). La escala consta de 10 ítems y aporta un índice global de malestar psicológico que se obtiene sumando todos los ítems. Se trata de una escala tipo Likert con cinco opciones de respuesta de 1 –nunca- a 5 –siempre- (por ejemplo, "¿Con qué frecuencia te has sentido cansado, sin alguna buena razón?"). Las puntuaciones se clasifican en 4 categorías: *sin malestar* (puntuación entre 10 y 19), *malestar leve* (puntuación entre 20 y 24), *malestar moderado* (puntuación entre 25 y 29) y *extremo malestar psicológico* (puntuación entre 30 y 50). La consistencia interna de este instrumento, medida con la prueba alfa de Cronbach, es de .88.

Escala de Experiencia Positiva y Negativa (SPANE): para medir los sentimientos de los participantes se utilizó la Escala de Experiencia Positiva y Negativa (SPANE) de Diener et al. (2009). Esta escala está compuesta por 12 ítems, de los cuales 6 miden sentimientos positivos, y los otros 6 miden sentimientos negativos. Los dos sub-grupos se pueden combinar para crear una puntuación de equilibrio. La escala converge bien con las medidas de las emociones y el bienestar afectivo. La consistencia interna en este estudio (α de Cronbach) fue de .77 para el afecto positivo, .72 para el afecto negativo y .89 para el balance afectivo.

Procedimiento

Los objetivos del estudio fueron explicados al director/a de los centros elegidos a través de contacto telefónico y correo electrónico. Una vez éstos/as accedían a participar en el estudio y se organizaban las visitas a dichos centros escolares, dos miembros del equipo de investigación realizaron las visitas correspondientes y aplicaron los instrumentos en las aulas elegidas, que fueron todas las correspondientes a los niveles educativos descritos líneas atrás. Las familias fueron adecuadamente informadas del estudio por correo y se les pidió que comunicasen su oposición, en caso de haberla, con respecto a la participación. Para garantizar la sinceridad y privacidad de las respuestas los alumnos de cada una de las clases seleccionadas, se cumplimentaron los cuestionarios de forma voluntaria y anónima. Lo hicieron en una sesión de una hora de duración en presencia de los miembros del equipo investigador.

Resultados

Análisis de varianza

Seguidamente presentamos las relaciones del género en relación con las distintas actividades. En la Tabla 1 se muestran las puntuaciones medias de estas variables y los resultados de los ANOVAS que comparan los dos grupos. Las diferencias entre el género y las actividades fueron claramente significativas. Las chicas tuvieron significativamente puntuaciones más altas tanto en actividades de comunicación amplia (como las actualizaciones de estado), actividades de comunicación dirigida (comentar y dar a me gusta) actividades de uso pasivo de seguimiento de diverso tipo (comprobar lo que suben los demás, curiosear los perfiles de otros, seguir a famosos, seguir páginas de tipo profesional; etc.) La media de los chicos fue mayor en frecuencia de uso de páginas específicas enfocadas a la participación y-o creación de grupos.

Tabla 1. Diferencias en las variables de tipo de actividad y tipo de uso en función del sexo.

	Hombre	Mujer	F	Eta^2
Publicar actualizaciones del estado	2,41	2,81	38,961***	,037
Seguir páginas o cuentas relacionadas con aficiones (música, deporte)	3,88	3,64	13,668***	,013
Dar a "me gusta"	3,95	4,20	17,374***	,017
Comprobar lo que suben los demás	3,44	3,79	26,104***	,025
Curiosear el perfil de otros	3,03	3,63	81,128***	,074
Subir fotos	2,90	3,35	51,749***	,048
Etiquetar fotos en las redes	2,71	3,13	37,613***	,035
Ver fotos en las redes	4,04	4,24	14,078***	,014
Seguir páginas o cuentas relacionadas con intereses profesionales	2,97	3,15	5,484**	,005
Crear o participar en grupos en las redes	2,54	2,32	9,668***	,009
Seguir páginas/cuentas de famosos/as (cantantes, actores, deportistas, etc.)	3,22	3,60	25,838***	,025
Actualizar mi perfil	2,76	3,12	32,848***	,031
Hacer comentarios a las publicaciones de otros	2,82	3,12	38,028***	,036
Subir o escribir cosas propias en las redes (reflexiones, anécdotas, frases, poemas, etc.).	2,27	2,66	26,318***	,003

Nota: ** p <0.01, *** p <0.001

Cuando se comprobaron los tipos de actividades de mayor preferencia para los jóvenes, dar "me gusta", ver fotos en las redes, ver vídeos en las redes, seguir páginas o cuentas relacionadas con aficiones, comprobar lo que suben los demás y "curiosear" el perfil de otros fueron las actividades que obtuvieron puntuaciones más altas. Los que obtuvieron menores puntuaciones fueron: subir vídeos hechos por ti, jugar en las redes, crear o difundir eventos y etiquetar vídeos en las redes.

A continuación, se muestran las relaciones entre género y las distintas variables relacionadas con las horas de uso, los amigos de Facebook y los seguidores y seguidos de Instagram y Twitter. En la Tabla 2 se muestran las puntuaciones medias y los resultados de los ANOVAS de las horas diarias, horas a la semana de uso, número de amigos en Facebook, seguidores en Instagram, seguidores en Twitter en relación con sexo fueron significativas siendo las medias las chicas más elevadas que las de los chicos en todas las variables analizadas. Las chicas se conectan más horas diarias y semanales que los chicos. Además, tienen un mayor número de amigos en Facebook y más seguidores y seguidos en Instagram y Twitter.

Tabla 2. Diferencias en las variables de promedio de horas y la de amigos de Facebook, seguidores y seguidos de Instagram, twitter en función del género.

	Hombre	Mujer	F	Eta^2
Horas diarias	3.5233	4.8971	35.045**	.033
Horas a la semana	24.6628	34.2196	34.608**	.033
Número de amigos Facebook	95.20	172.15	24.968**	.024
Seguidores Instagram	552.91	760.68	21.753**	.021
Seguidores Twitter	116.97	178.32	7.854*	.008
Seguidos Instagram	473.50	1406.20	1.212	.001
Seguidos Twitter	192.20	153.76	.368	.000

Nota: * $p < 0.01$, ** $p < 0.001$

A continuación, se muestran los resultados de los análisis para ver la posible relación de las variables de horas diarias y semanales de uso de redes sociales, número de amigos de Facebook, seguidores y seguidos de Instagram y twitter en relación con la edad. En la tabla 3 se presentan las puntuaciones medias de estas variables en los tres grupos de edad analizados, 13-14, 17-20 y 21-24 años y los resultados de los ANOVAS.

Tabla 3. Diferencias en las variables de promedio de horas y la de amigos de Facebook, seguidores y seguidos de Instagram, twitter en función de la edad.

	EDAD			F	Eta^2
	13-16 años	17-20 años	21-24 años		
Horas diarias	3,53	4,87	5,79	25,1***	,047
Horas a la semana	24,66	34,1	40,56	25,32***	,047
Número de amigos Facebook	59,98	197,49	301,40	66,58***	,117
Seguidores Instagram	686,91	726,02	402,82	8,45***	,016
Seguidores Twitter	54,00	252,53	226,70	43,74***	,080
Seguidos Instagram	606,10	1629,32	405,81	,781	,002
Seguidos Twitter	48,27	234,15	526,73	11,33***	,022

Nota: * p <0.01, ** p <0.001

Como se puede ver en la tabla anterior las diferencias de medias en relación a la edad fueron significativas para todas las variables a excepción de los seguidores de Instagram. Respecto a las medias, de las horas diarias y semanales, se produce un incremento con la edad. Esto mismo sucede con el número de amigos en Facebook, que se va aumentando con la edad. Respecto a los seguidores de Instagram, el grupo de edad de 17- a 20 años es el más numeroso seguido del 13-16 años. En los seguidores de twitter las medias de 17-20 años son más elevadas que las de 21-24 años y 13-16 años respectivamente. En cambio, los seguidos de Twitter se incrementan con la edad.

Análisis de componentes principales

Se realizó un análisis de componentes principales con la finalidad de extraer los factores de agrupamiento de los 18 tipos de actividades contempladas en este estudio quedando 4 factores (Tabla 4).

Tabla 4. Matriz de componente rotado[a]

Componentes

		1	2	3	4
1.	Comprobar lo que suben los demás	**.793**[1]	-.001	-.007	.188
2.	Curiosear el perfil de otros	**.759**[1]	.063	.002	.211
3.	Ver fotos en las redes	**.657**[1]	.223	.246	-.081
4.	Dar a "me gusta"	**.618**[1]	.292	.117	-.017
5.	Etiquetar vídeos en las redes	.038	**.774**[2]	.105	.146
6.	Etiquetar fotos en las redes	.336	**.707**[2]	.062	.093
7.	Subir vídeos hechos por ti a la red	.037	**.695**[2]	.033	.236
8.	Subir fotos	.476	**.561**[2]	.017	.224
9.	Hacer comentarios a las publicaciones de otros	.488	**.513**[2]	.044	.168
10.	Compartir vídeos, vínculos o enlaces en las redes	.114	**.499**[2]	.379	.110
11.	Actualizar mi perfil	.448	**.476**[2]	.070	.313
12.	Seguir páginas o cuentas relacionadas con aficiones (música, deporte)	.017	.046	**.833**[3]	.113
13.	Seguir páginas/cuentas de famosos/as (cantantes, actores, deportistas, etc.)	.317	.106	**.678**[3]	-.049
14.	Seguir páginas o cuentas relacionadas con intereses profesionales	-.033	.071	**.636**[3]	.180
15.	Subir o escribir cosas propias en las redes (reflexiones, anécdotas, frases, poemas, etc.).	.180	.165	.067	**.650**[4]
16.	Publicar actualizaciones del estado	.242	.310	.047	**.601**[4]
17.	Crear o difundir eventos	.036	.253	.107	**.570**[4]
18.	Jugar en las redes (Candycrush, Farmville,...)	-.003	.011	.072	**.542**[4]

Método de extracción: análisis de componentes principales. Método de rotación: Varimax con normalización Kaiser[a]. Nota: 1 Actividades de seguimiento publicaciones, 2 Actividades de comunicación interactiva, 3 Actividades de seguimiento intereses, 4 Actividades de comunicación amplia.

Los factores extraídos presentaron comunalidades superiores a 0,40. A continuación se describen los 4 factores:

El factor 1 comprende todas las actividades relacionadas con el seguimiento general de publicaciones (browsing). Dentro de este factor estarían las siguientes actividades: comprobar lo que suben los demás, curiosear el perfil de otros, ver fotos en las redes y dar a "me gusta".

El factor 2 se relaciona con todas las actividades de comunicación interactiva. Dentro de este factor estarían las siguientes actividades: etiquetar vídeos en las redes, etiquetar fotos en las redes, subir vídeos hechos por ti a la red, subir fotos, hacer comentarios a las publicaciones de otros, compartir vídeos, vínculos o enlaces en las redes y actualizar mi perfil.

El factor 3 agrupa a aquellas actividades relacionadas con el seguimiento de intereses. En este factor se incluyen las siguientes actividades: seguir páginas o cuentas relacionadas con aficiones (música, deporte), seguir páginas/cuentas de famosos/as (cantantes, actores, deportistas, etc.) y seguir páginas o cuentas relacionadas con intereses profesionales.

El factor 4 incluye aquellas actividades de comunicación amplia (broadcasting). Este factor estaría compuesto por las siguientes actividades: subir o escribir cosas propias en las redes (reflexiones, anécdotas, frases, poemas, etc.), publicar actualizaciones del estado, crear o difundir eventos y jugar en las redes (Candycrush, Farmville,...).

Análisis de correlaciones

A continuación, presentamos las correlaciones de las variables malestar, sentimientos negativos, sentimientos positivos, actividades seguimiento de publicaciones, actividades de comunicación interactiva, actividades de seguimiento de intereses y actividades de comunicación amplia.

Tabla 5. Correlaciones entre las variables de malestar, emociones positivas, emociones negativas y los diferentes tipos de actividades

	1	2	3	4	5	6
1. Malestar						
2. Sentimientos negativos	.569**					
3. Sentimientos positivos	-.285**	-.338**				
4. Actividades de seguimiento publicaciones	.196**	.131**	.016			
5. Actividades de comunicación interactiva	.092**	.067*	.083*	.000		
6. Actividades de seguimiento intereses	.084*	.059	.033	.000	.000	
7. Actividades de comunicación amplia	.112**	.056	.059	.000	.000	.000

Nota: * p <0.01, ** p <0.001

Como puede observarse en la Tabla 5, el malestar mostró correlaciones positivas significativas con todas las variables mencionadas salvo con los sentimientos positivos. Las emociones negativas correlacionaron con las actividades de seguimiento de publicaciones y las actividades comunicación interactiva, aunque ésta última también correlaciona con los sentimientos positivos.

Análisis de Regresión

Para analizar más a fondo la relación del malestar con los distintos tipos de actividades analizadas se realizo un análisis de regresión.

Tabla 6. Análisis de Regresión de la varible Malestar

Predictores	MALESTAR Beta	R^2
PASO 1		.035***
Tramo de edad 2	-.019	
Sexo	.183***	
PASO 2		.083***
Tramo de edad 2	-.004	
Sexo	.130***	
Actividades de seguimiento publicaciones	.163***	
Actividades de comunicación interactiva	.089**	
Actividades de seguimiento intereses	.081**	
Actividades de comunicación amplia	.104**	

Nota: *p< 0.05, ** p< 0.01, ***p< 0.001

Como puede observarse en la anterior tabla, el sexo se asoció de manera significativa con el malestar, ya que las chicas puntuaron más alto que las chicos en dicha variable. La edad no influyó significativamente en ninguna de las variables estudiadas. En el segundo paso se introdujeron las varibles de tipos de actividades, siendo todas ellas significativas. Todos los predictores explicaron un 8% de la varianza en malestar.

Conclusiones y Discusión

Las chicas presentan una mayor frecuencia de comunicación en actividades de comunicación amplia, actividades de comunicación dirigida, actividades de uso pasivo relativa adiversos tipos de seguimiento. El tamaño de la red social de las chicas es mayor que la de los chicos. Esto se relaciona con lo encontrado en otras investigaciones donde mantener contactos con amigos y familiares, entretenerse, disfrutar y relajarse a través de las relaciones sociales aparecen como motivos de uso por parte de la chicas (Espinar y González, 2009; Lin y Lu, 2011; Dias, 2012; Rebollo y Vico, 2014).

En lo que se refiere al tiempo de uso, cabe destacar que las chicas dedican más tiempo que los chicos al uso de las redes sociales y este uso se incrementa con la edad. Es posible que este aumento esté íntimamente relacionado con la finalidad/es con la que usan las redes: son las chicas quienes enfocan su uso desde un punto de vista más relacionado con el mantenimiento de contacto (Alonso-Ruido, Rodríguez-Castro, Lameiras-Fernández y Carrera-Fernández, 2015; Tabernero, Aranda y Sánchez – Navarro, 2010), empleándolas como herramientas para comunicarse, subir publicaciones propias o estar al tanto de las personas de sus círculos, mientras que los chicos usan las redes basándose más en intereses relacionales como hacer nuevas amistades o ligar y particulares como hobbies, búsqueda de información o grupos con los que organizar eventos de diversa índole (deportivos, "quedadas", convenciones...).

Respecto al tamaño de la red social de ellas no solo es mayor, sino que el tiempo que dedican al día y a la semana al uso de estas redes supera ampliamente el de ellos resultado acorde con otras investigaciones (Villadangos y Labrador, 2009). Aunque éstos también hacen uso de redes como Facebook, Instagram y Twitter, es posible que el uso tenga un carácter mñas lúdico, y por ello sean usuarios habituales de plataformas más enfocadas a intereses, hobbies o videojuegos, como Youtube o Steam. Se obtuvieron unos resultados similares en el estudio de Silva (2016), donde los participantes no usaban las redes con una intención meramente relacional, sino como fuente de información y participación en actividades más específicas.

Respecto a las posibles relaciones de las variables de actividades seguimiento de publicaciones, actividades de comunicación interactiva, actividades de seguimiento de intereses, actividades de comunicación amplia, malestar, sentimientos negativos y sentimientos positivos, cabe destacar que la variable malestar mostró muchas correlaciones positivas significativas con el resto de variables, a excepción de la variable emociones positivas. Otro dato interesante es el hecho de que las actividades de comunicación interactiva se relacionaron tanto con sentimientos positivos como negativos. Todo esto podría indicar que se utilizan las redes no solo con una finalidad comunicativa y lúdica, sino como una herramienta para satisfacer necesidades sociales de interacción que pueden llevar a un feedback positivo y otras veces a conflictos con otros, pero contribuyendo al desarrollo de relaciones en constante evolución (Colás-Bravo, González-Ramírez, y de Pablos-Pons, 2013; Cornejo y Tapia, 2011).

Los resultados de la regresión estadística del malestar complementan esta hipótesis, puesto que las actividades de seguimiento publicaciones, las actividades de comunicación interactiva, las actividades de seguimiento de intereses y las actividades de comunicación amplia explican casi un 8% del malestar psicológico que experimentan los participantes. Es probable que dichas actividades sean una respuesta, en sí mismas, a este malestar que podría derivar de los problemas en otros contextos sociales y que se intenta compensar a través de las redes sociales, por sus características facilitadoras en algunos casos.

Bibliografía

Alonso-Ruido, P., Rodríguez-Castro & Lameiras-Fernández, M., y Carrera-Fernández, M. V. (2015). Hábitos de uso en las Redes Sociales de los y las adolescentes: análisis de género. *Revista de Estudios e Investigación en Psicología y Educación, (13),* 054-057.

Colás-Bravo, P., González-Ramírez, T. & de Pablos-Pons, J. (2013). Juventud y redes sociales: Motivaciones y usos preferentes. Comunicar: Revista Científica de Comunicación y Educación, 20(40), 15-23.

Cornejo, M., & Tapia, M. L. (2011). Redes sociales y relaciones interpersonales en internet. *Fundamentos en humanidades, 12*(24).

Espinar, E. & González, M. J. (2009). Jóvenes en las redes sociales virtuales. Un análisis exploratorio de las diferencias de género. *Feminismo/s,* 14, 87-106.

Lázaro, I., Mora, N., & Sorzano, C. (2012). *Menores y Nuevas Tecnologías.* Madrid: Tecnos

López-Sáez, M., Morales, J. & Lisbona, A. (2008). Evolution of gender stereotypes in Spain: traits and roles. *The Spanish Journal of Psychology, 2,* 609-617.

Manago, A., Graham, M., Greenfield, P. & Salikman, G. (2008). Self-presentation and gender on MySpace. *Journal of Applied Development Psychology, 29,* 446-458.

Reich, S. M.; Subrahmanyam, K. & Espinoza, G. (2012), "Friending, IMing, and hanging out face-to-face: overlap in adolescents' online and offl ine social networks", *Developmental psychology 48(2),* pp. 356-368.

Ruiz, V. R., Carbonell, X. & Oberst, U. (2012). Redes sociales online, género y construcción del self. *Aloma: Revista de Psicologia, Ciències de l'Educació i de l'Esport, 30(2).*

Ruiz, E. E., & Río, M. J. G. (2009). Jóvenes en las redes sociales virtuales: un análisis exploratorio de las diferencias de género. *Feminismo/s, (14),* 87-105.

Spence, J.T. & Buckner, C. (2000). Instrumental and expressive traits, traits stereotypes, and sexist attitudes. *Psychology of Women Quarterly, 24,* 44-62.

Subrahmanyam, K., Greenfield, P. M., y Michikyan, M. (2015). Comunicación electrónica y relaciones adolescentes: Una actualización de las investigaciones existentes. *Infoamérica: Iberoamerican Communication Review, 9,* 115-130.

Tabernero, C., Aranda, D. & Sánchez-Navarro, J. (2010). Juventud y tecnologías digitales: espacios de ocio, participación y aprendizaje. *Revista de Estudios de Juventud, (88),* 77-96.

Villadangos, S. & Labrador, F. (2009). Menores y nuevas tecnologías (NT): ¿uso o abuso? *Anuario de Psicología Clínica y de la Salud, 5,* 75-83.

Valkenburg, P. M. & Peter, P. (2007), "Preadolescents' and Adolescents' Online Communication and Their Closeness to Friends", *Developmental Psychology 43,* pp. 267-277.

CAPÍTULO II

ESTUDIO SOBRE LA VIOLENCIA DE GÉNERO PRESENTE EN LAS REDES SOCIALES, DIRIGIDO A ADOLESCENTES

Lucía Menéndez Martínez
Universidad Internacional de la Rioja, España

Resumen

La violencia de género es una de las problemáticas más importantes de nuestra sociedad. Por desgracia, se trata de un problema que afecta a toda la sociedad, habiendo indicios de su aparición en edades muy tempranas, cuando los jóvenes comienzan a experimentar con sus primeras relaciones sentimentales y son muy influenciables. Por otro lado, cada vez son más utilizadas las redes sociales, sobre todo en la etapa de la adolescencia, siendo éste un nuevo canal en el que aparece y se fomenta este tipo de violencia. Por estos motivos, el objetivo de esta investigación es identificar y examinar las situaciones de violencia de género que tienen lugar en las redes sociales en un grupo de adolescentes de 10 a 15 años. Para ello, se lleva a cabo un estudio cuantitativo, no experimental, con diseño descriptivo cuya finalidad es conocer a fondo las opiniones y experiencias de los jóvenes respecto a este tema. Se diseñará un cuestionario online a través de la herramienta de Formularios de Google que se aplica a una muestra de 50 jóvenes. Los resultados obtenidos muestran que, a pesar de tratarse de una muestra tan joven, la gran mayoría ya han mantenido relaciones sentimentales. Por otra parte, también se muestra la existencia de una gran desinformación acerca de esta problemática, ya que la mayoría de la muestra analizada relaciona este tipo de violencia únicamente con agresiones físicas o agresiones psicológicas de un nivel muy extremo. A pesar de esta desinformación entre los miembros del grupo, se puede observar como la mayoría de estos son conscientes de que forman parte de un grupo de riesgo en cuanto a la violencia de género.

Palabras claves

Violencia de género, redes sociales, adolescentes, relaciones sentimentales, desinformación, agresiones

1. Introducción

El ser humano evoluciona y se desarrolla desde el momento en el que nace, pasando por diferentes etapas. En este estudio desataca la etapa de la adolescencia, una etapa plagada de cambios en la que tiene lugar el periodo de transición de la niñez a la madurez. Dentro de la adolescencia existen diversas clasificaciones. Moreno (2015) señala que la etapa existente entre los 10 a los 15, se corresponde con la adolescencia temprana; de los 15 a los 18, adolescencia media y a partir de los 18, adolescencia tardía. Teniendo en cuenta esta clasificación es posible observar que la muestra seleccionada para este trabajo se corresponde con la adolescencia temprana.

En la adolescencia cobra importancia la sensación de enamoramiento, la cual influye en el desarrollo de la personalidad, la definición de uno mismo, la identidad sexual, etc. (Moreno, 205). Es por estos motivos por los que la adolescencia es una etapa tan interesante para investigar acerca de la violencia de género, una de las grandes problemáticas de nuestra sociedad que surge desde la construcción de las sociedades y perdura hasta nuestros días, afectando cada más a los más jóvenes.

Como se ha mencionado, ésta es una etapa de desarrollo y definición de uno mismo, por lo cual es un momento en el que la persona es vulnerable a las influencias externas. Si estas influencias son negativas se estará formando un ser humano que no distingue entre comportamientos de respeto hacia las personas, o comportamientos de opresión y agresión. De esta manera, se convierten las conductas de violencia de género como un aspecto normalizado y aceptable de la sociedad.

Por otro lado, estas características de etapa de transición a la madurez, hace de la adolescencia un momento de inmadurez que puede servir para medir el nivel de conocimientos que tiene estos jóvenes sobre la violencia de género. Es decir, es importante conocer si los jóvenes adolescentes son realmente conscientes del significado de violencia de género y de las características que este concepto conlleva, ya que la mayoría pensarán que son situaciones que únicamente atañen a los adultos.

Una de las maneras que más se practica la violencia de género y que se relaciona con la idea de que ésta solo afecta a los adultos, ya que pasa inadvertida, es a través de las redes sociales. Un medio tecnológico, altamente frecuentado por adolescentes, mediante el cual se comunican e intercambian información.

Es importante conocer los usos de las redes sociales, además de los conocimientos sobre actitudes de violencia de género, en la etapa de la adolescencia para poder actuar sobre este riesgo lo antes posible. A partir de los resultados obtenidos en investigaciones de este tipo, se podrían establecer intervenciones adaptadas a las necesidades. Por un lado, si los jóvenes no son conscientes realmente de la violencia de género y su repercusión, la mejor intervención sería formativa y preventiva acerca de esta problemática. Por el contrario, si estos jóvenes conocen las características de la violencia de género y son conscientes de sus actuaciones, se debería abordar desde una perspectiva de uso seguro y adecuado de las TIC, así como concienciación sobre la violencia de género.

2. Violencia de género

La violencia de género es cualquier tipo de violencia ejercida sobre una persona en función de su género, ya sea hombre o mujer, y en cualquier ámbito. Este tipo de violencia suele tener como víctimas principales a las mujeres, debido a la situación de desigualdad y discriminación que han tenido en la mayoría de las sociedades a lo largo de la historia (Grupo Interagencial de Género del Sistema de las Naciones Unidas en México, s.f.).

La Organización de las Naciones Unidas (1994) define la violencia de género como:

> Todo acto de violencia basado en el género que tiene como resultado posible o real un daño físico, sexual o psíquico, incluidas las amenazas, la coerción o la privación arbitraria de libertad, ya sea que ocurra en la vida pública o en la vida privada. Incluyendo la violencia física, sexual, psicológica en la familia, incluidos los golpes, el abuso sexual de las niñas en el hogar, la violencia relacionada con la dote, la violación por el marido, la mutilación genital y otras prácticas tradicionales que atentan contra la mujer, la violencia ejercida por personas distintas del marido y la violencia relacionada con la explotación; violencia física, sexual y psicológica a nivel de la comunidad en general, incluidas las violaciones, los abusos sexuales, el hostigamiento e intimidación sexual en el trabajo, en instituciones educacionales y en otros ámbitos, el tráfico de mujeres y la prostitución forzada; y la violencia física, sexual y psicológica perpetrada o tolerada por el Estado, donde quiera que ocurra. (ONU, 1994, citado en Ruiz, s.f., p. 8)

Esta definición de violencia de género nos muestra que no es un problema actual, sino que se trata de una serie de comportamientos y concepciones del rol de la mujer que están arraigados en algunas culturas y sociedades desde hace siglos. Esta definición hace referencia a un atentado contra la integridad, dignidad y libertad de las mujeres en cualquier tipo de ámbito en que se produzca (Roca, 2011).

La violencia de género debe entenderse como la negación extrema de los derechos humanos, sobre todo de los derechos de las mujeres, ya que son las más afectadas por esta problemática, debido al rol que han tenido en la mayoría de las culturas, que siempre las ha delegado a un segundo plano detrás del hombre.

2.1. Tipos de violencia de género

La principal característica de la violencia de género es su desarrollo de manera gradual, dando lugar a una variedad de tipos de violencia que pueden aparecer de manera individual o conjunta. El proceso usual que suelen tener este tipo de conductas va de las más suaves, como la violencia verbal y el control excesivo, manifestándose con una serie de comportamientos abusivos y amenazas, con la intención de establecer un control sobre la víctima; a las más fuertes, como la agresión física e incluso el asesinato (Povedano-Díaz y Monreal-Gimeno, 2012).

Varios autores clasifican los comportamientos de violencia de género en diferentes tipos, a continuación, en la Tabla 1, se recogen algunos de ellos:

Tabla 1. Tipos de violencia de género

TIPO	DESCRIPCIÓN	EJEMPLO
Psicológica	Se refiere a los aspectos verbales y emocionales, como insultos, humillaciones, desprecios, amenazas, etc.	Tener celos con frecuencia. Dar poca importancia a la otra persona. Amenazar con hacer daño a él/ella, a su familia o a si mismo/a.
Espiritual	Este tipo se encuentra estrechamente relacionado con la violencia psicológica, se refiere a la dominación y destrucción de creencias religiosas o culturales mediante el castigo, la humillación.	La obligación de aceptar otro sistema de creencias diferente al propio. Despreciar las creencias de la persona.
Económica	Supone desigualdad en el acceso a los recursos compartidos, mediante el control y la privación de estos para el desarrollo de la vida diaria.	Prohibición de uso de los recursos económicos. Disminución intencionada de los recursos económicos para el desarrollo de la vida diaria de la persona.
Estructural	Relacionada con la violencia económica, pero centrándose en la imposibilidad del acceso de la víctima a los derechos básicos. Supone que el agresor ejerza una situación de dominación del bienestar de la víctima.	Ordenar el tipo de ropa que utilizar. Prohibición de atención sanitaria, educativa o social.
Sexual	Cualquier tipo de contacto sexual no deseado por la persona. Incluye tanto la violación, como el contacto no deseado (levantar la falda a una mujer sin su consentimiento).	Manoseos y besos indeseados. Relaciones sexuales obligadas. Privación del uso de medios para el control de la natalidad.

	Todo tipo de agresiones a la integridad física de la víctima, desde empujones, bofetadas, arrojar objetos, asesinato, etc.	Empujones.
Física		Golpes.
		Pellizcos.
	Este tipo de violencia pone poner en riesgo la salud y la vida de las víctimas.	Tirar del cabello.
		Estrangular (el cuello).

Fuente: Elaboración propia a partir de Povedano-Díaz y Monreal-Gimeno, 2012 y Roca, 2011.

Cuando hablamos de violencia de género, lo primero en lo que pensamos es en la agresión física o en la humillación y desprecio de la víctima, pero también existen otro tipo de conductas que, como quedan reflejadas en la tabla anterior, se corresponden con actitudes violentas hacia las personas. Por desgracia, en muchas ocasiones algunos de estos tipos de violencia pasan desapercibidos por las personas, lo que hace que la clasificación de esta problemática sea tan importante, dándonos a conocer todas las posibles situaciones que abarca.

Según Rennison (2000, citado por Povedano-Díaz y Monreal- Gimeno, 2012), los estudios señalan un mayor porcentaje de abuso físico hacia mujeres que hacia hombres. Además, éstos restan importancia a los abusos físicos que sufren, pero son tan vulnerables a la violencia emocional como las mujeres. Es por este motivo, debido a la cantidad de víctimas, por el que, cuando hablamos de violencia de género, solemos dirigirnos a la violencia machista o violencia hacia las mujeres. A pesar de estos términos y de que la violencia por cuestiones machistas sea predominante, no se debe restar importancia a las agresiones que sufren los hombres por parte de sus parejas.

1.4. Violencia en las relaciones de noviazgo

La violencia de género no es una problemática exclusiva de matrimonios o de personas adultas, sino que también atañe a los más jóvenes durante las relaciones de noviazgo. Al igual que en los adultos, la violencia en los jóvenes también abarca desde el abuso verbal y emocional, hasta el físico y sexual (Hernando, 2007).

Este tipo de violencia de género especifico de las relaciones de noviazgo, se califica dating violence, y se define como "todo ataque intencional de tipo sexual, físico o psíquico, de un miembro de la pareja contra el otro en una relación de noviazgo" (Health Canada, 1995, citado por Hernando, 2007)

En Estados Unidos, Edward et al. (2015, citado en Delgado, 2016) mencionan que entre un 19 y un 27% de adolescentes han sido víctimas de violencia de género. Mientras tanto, en España, un trabajo realizado en 2001 por

González y Santana muestra que el 7,5% de los chicos y el 7,1% de las chicas reconocen que en una o más ocasiones han pegado o empujado a su pareja. A pesar de que sea un problema identificado en la sociedad, es muy difícil evitarlo y hacer descender las tasas de agresiones de cualquier tipo. Este problema se debe a que a pesar de que los jóvenes conocen las características de la violencia de género y son capaces de describir de que se trata, creen es una problemática que únicamente afecta a personas adultas, nunca a los jóvenes.

Por otro lado, las situaciones de celos y control excesivo de la pareja, es percibido por los jóvenes como un acto de amor, por lo que en su etapa no lo perciben como una situación de violencia de género (Hernando, 2007).

El amor romántico

El término "amor romántico" aparece en el siglo XVIII en Europa como un cambio en la percepción de las parejas, llevando a la sociedad a la libertad de elección del cónyuge, disolviendo el sistema de matrimonios por conveniencia. Más tarde, a finales del siglo XIX y principios del XX, se unen por primera vez los conceptos de amor romántico, matrimonio y sexualidad (Ruiz, s.f.).

Giddens (2006) define el amor romántico como "el vínculo sentimental que une a una pareja heterosexual, que implica necesariamente cierto grado de reflexión acerca de los sentimientos que se tienen hacia la pareja, sobre la intensidad del afecto y sobre si éste es suficiente para mantener una relación a largo plazo". A esta definición habría que añadir, que el amor romántico afecta tanto a parejas heterosexuales como homosexuales, y que además del afecto sentimental, también se debe tener en cuenta la intimidad que surge por medio de la conexión sexual y de un enlace espiritual.

A raíz de la aparición de este término, también surgen distintos mitos que perduran hasta nuestros días y que fomentan la violencia de género, sin que la sociedad sea realmente consciente de ello (ver Figura 1).

El amor todo lo puede

- El amor puede superar cualquier obstáculo.
- Las situaciones violentas forman parte de un proceso de adaptación.
- Los polos opuestos se atraen.
- No hay amor verdadero sin sufrimiento.
- El amor verdadero lo perdona todo.

El amor verdadero predestinado

- La media naranja, la única elección posible.
- La pareja es necesaria para sentirse completo en la vida.
- Sólo existe un amor verdadero.
- Perdurabilidad de la pasión.

El amor es lo más importante y requiere entrega total

- Conversión de la pareja en el centro de la existencia.
- La capacidad de dar felicidad corresponde a la pareja.
- Entrega total.
- Sacrificar el yo, para identificarse con el otro.
- Si se ama se debe renunciar a la intimidad.

El amor es posesión y exclusividad

- El amor romántico conduce a relación estable.
- Los celos son una miestra del amor.
- Diferentes juicios de fidelidad y exclusividad para hombres y mujeres.

Figura 1: Mitos del amor romántico. Fuente: Pascual, 2016.

Como se puede observar, a pesar de que la violencia de género sea una problemática tan extendida y tan sonada, en muchas ocasiones las personas no son conscientes de las características de ésta, sobre todo entre el grupo de los adolescentes, los cuales pueden llegar a confundir características de violencia con comportamientos "románticos", haciendo que este tipo de violencia acabe normalizándose en la sociedad.

3. Las Tecnologías de la Información y Comunicación

La aparición de la difusión masiva a partir de las Tecnologías de la Información y Comunicación, su avance y la facilidad que aporta para intercambiar y disponer de la información y comunicación entre personas está cambiando nuestra sociedad y la forma que tenemos las personas de socializar.

Actualmente, internet y los aparatos tecnológicos están a nuestro pleno alcance, lo que ha supuesto un acercamiento de la tecnología con los jóvenes, convirtiéndose en una parte muy importante de su vida (Martin, Pazos, Montilla y Romero, 2016).

Las redes sociales son una de las herramientas de las llamadas TIC, la más importante para los jóvenes usuarios de este medio. Estas herramientas han supuesto un cambio en la forma de comunicarse, relacionarse, interactuar y expresarse entre los jóvenes, donde además vuelcan todo tipo de información respecto a su vida y su día a día (Estébanez y Vázquez, 2013). Martin, Pazos, Montilla y Romero (2016), las definen como "sitios webs en donde es frecuente crear perfiles mostrando imágenes, normalmente fotografías u otros", y señalan que para los adolescentes suponen una oportunidad de mostrar una imagen de sí mismos, sus hobbies, etc. para ser aceptados e integrados por el grupo de iguales.

3.1. Características del uso de las TIC en la adolescencia

En relación con este aspecto, López, López y Galán (2012, citado por Martin, Pazos, Montilla y Romero, 2016) señalan que el uso primordial de los adolescentes y preadolescentes de estas herramientas es con el fin de mantenerse en contacto y hablar con otras personas (25,53% y 24,7% respectivamente).

Por otro lado, Sánchez y Fernández (2010, citado por Martin, Pazos, Montilla y Romero, 2016) realizan un informe titulado Informe Generación 2.0, en el cual establecen los usos principales, por parte de los jóvenes de las redes sociales. En este informe queda recogido que el 80% las emplea para mantenerse en contacto con sus amigos. Además de mantener el contacto con sus amistades, muchos adolescentes emplean las redes sociales para saber acerca de personas con las que no se suele mantener relación, lo que nos indica que estas herramientas son una fuente importante de información muy accesible acerca de las personas, tanto las conocidas como las que no, convirtiéndose en un riesgo para las víctimas de acoso. Por otro lado, estas herramientas de comunicación tienen como ventaja que son aplicaciones gratuitas, sencillas de utilizar y rápidas.

Por lo que, en esta etapa del desarrollo humano, los usos que predominan en las redes sociales son, sobre todo, el contacto con sus semejantes ya sea de manera directa o indirecta.

3.2. Violencia de género en las redes sociales

Como se ha visto las redes sociales son un medio de comunicación muy presente en nuestra sociedad, en concreto, se convierten en un hábito de uso en los adolescentes. Así mismo, se ha visto que la sociedad se enfrenta a un nuevo método de violencia de género a través de estas herramientas (Ruiz, s.f.). Esta autora, también destaca que, debido a las características de las redes sociales, de gratuidad, facilidad de uso y rapidez, las convierte en herramientas donde se facilita el ejercicio de conductas violentas. Señala, además, que el 61% de las jóvenes han sido víctimas de violencia machista a través del móvil y redes sociales, durante el 2013, y un 36% han recibido mensajes que les han hecho sentir miedo.

De entre todas las redes empleadas por los jóvenes, destacan los usos peligrosos de Facebook, la cual se ha convertido en la red social con más poder para vigilar a las personas. Este tipo de actuación de acoso predatorio o acecho se denomina stalking, que se define como "una conducta reiterada e intencionada de persecución obsesiva respecto de una persona, el objetivo, realizada en contra de su voluntad y que le crea aprensión o es susceptible de provocarle miedo razonablemente" (Lorenzo, 2015, p. 4). A través de esta red, los acosadores pueden vigilar a sus parejas para saber lo que están haciendo en todo momento, conociendo la última conexión, su ubicación, sus estados, las fotos que suben y los amigos con los que se relacionan.

Al igual que Facebook, otra red social que está de moda entre los jóvenes es WhatsApp, una herramienta de comunicación que marca las horas de conexión haciendo que el hecho de que una persona se encuentra en línea y no hable con su pareja se convierta en una discusión (Ruiz, s.f.).

Como se puede observar, la violencia de género es una problemática que también se extiende a las redes sociales, de las cuales son usuarios la gran mayoría de los adolescentes, lo que les convierte en potenciales víctimas de padecer situaciones de violencia de género.

Al comienzo de este trabajo se enumeraban los tipos de violencia existente, pero actualmente, debido al uso de las tecnologías de la información y comunicación, han aparecido nuevas tipologías específicas de este sector, las cuales se especifican en la Tabla 2.

Tabla 2. Tipos de violencia de género en las TIC

Sextorsión	Chantaje o acoso al que es sometido una persona por parte de otra que emplea una imagen de la misma con carga sexual y que previamente ha obtenido, legítima o ilegítimamente.
Suplantación de identidad	Apropiación de una identidad ajena en las redes sociales o el control de las mismas por parte de los agresores.
Control de dispositivos móviles	Uso y gestión de los dispositivos tecnológicos para propiciar el aislamiento y control de la víctima.
Localización	Usos de medios de localización, a través de los dispositivos móviles, para controlar y acosar a la víctima.
Anonimato	Uso del anonimato que pueden otorgar las redes sociales para insultar, humillar, chantajear o amenazar a personas.

Fuente: Elaboración propia a partir de Pérez de Miguel, 2014.

Como se puede observar con la lectura de esta información, los adolescentes son un grupo que se encuentra en una etapa muy influenciable en la que, además, comienzan a experimentar con las relaciones sentimentales. A esto, se le debe añadir su uso continuo de las redes sociales, sin protección paterna o de un adulto, en la mayoría de las ocasiones, y sin ningún tipo de educación acerca de su uso seguro y responsable. La unión de todos estos factores hace de este colectivo, un grupo vulnerable a la interiorización de la violencia de género como hábitos normalizados y aceptados por lo sociedad. Es decir, todas estas características descritas de los adolescentes, hace que la visión y padecimiento de situaciones de violencia de género desde edades tan tempranas, pueda convertir estos comportamientos en hábitos aceptaros y normalizados por la sociedad, lo que agravaría la problemática existente de la violencia de género.

4. Metodología

Objetivo general

Identificar y examinar las situaciones de violencia de género en un grupo de adolescentes de 10 a 15 años, a través de las redes sociales.

Objetivos específicos

- Identificar las redes sociales más usadas por un grupo de adolescentes de 10 a 15 años.

- Examinar los usos de las redes sociales en un grupo de adolescentes de 10 a 15 años.

- Conocer la frecuencia con la que un grupo de adolescentes de 10 a 15 años continúa prestando atención a las redes sociales de sus ex-parejas una vez finalizada la relación.

- Analizar el grado de conocimiento que un grupo de adolescentes de 10 a 15 años tienen acerca de la violencia de género y sus conductas.

- Conocer la capacidad que un grupo de adolescentes de 10 a 15 años tiene para identificar situaciones de violencia de género a través de las redes sociales.

Participantes

La población se corresponde con todos los jóvenes con edades comprendidas entre los 10 y los 15 años. En este caso la muestra corresponde a un total de 50 adolescentes. Del total de estos sujetos se observa que, 13 de ellos pertenecen al sexo masculino, mientras que 37 son mujeres. La mayoría de los participantes tienen una edad de entre 14 y 15 años (28 sujetos).

Finalmente, a pesar de la escasa edad de los participantes en esta investigación, se puede observar que de los 50 participantes 32 mantienen una relación sentimental y 40 la han mantenido previamente.

Diseño

En este caso el diseño a emplear es el llamado ex post facto o diseño no experimental, cuya principal característica es la inexistencia de una intervención de la que se pretende recoger información. Para ello, se desarrollará un diseño descriptivo, empleando el método de encuesta. Para ello, se diseñó un cuestionario en el que se recogían ítems que respondan a las variables que se desean medir: datos de carácter demográfico, redes sociales, uso de las redes sociales, uso de las redes sociales en las relaciones sentimentales, violencia de género y violencia de género en las redes sociales.

5. Resultados y análisis

La primera variable para analizar es la relacionada con las redes sociales. Del análisis de ésta, se puede observar que las redes sociales más empleadas son WhatsApp y YouTube, mientras que las menos utilizadas son Badoo y Tinder, ambas aplicaciones empleadas para conocer personas (ver Figura 2).

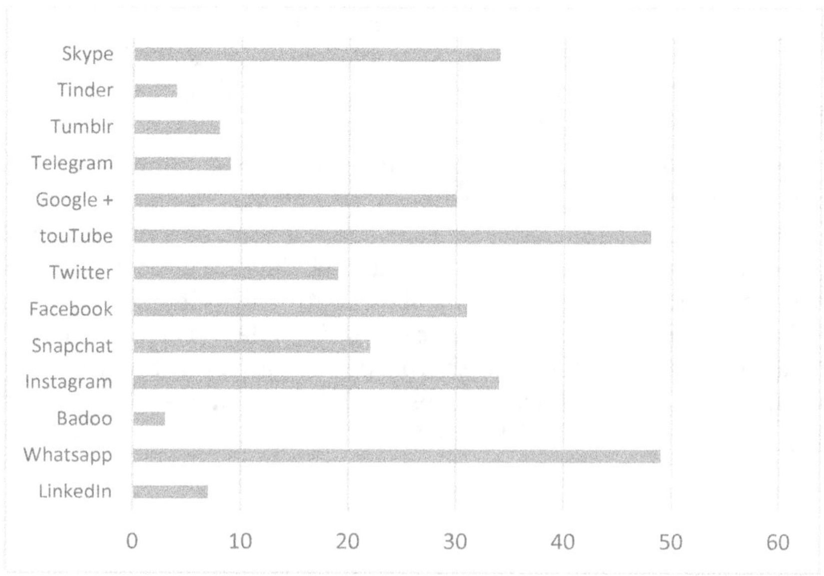

Figura 2: Nivel de utilización de las redes sociales

Además del nivel de conocimiento y utilización de estas redes sociales, también resulta interesante conocer el tipo de usos que la muestra realiza a través de estos medios. Destaca la relación existente entre el uso de Colgar fotos y el sexo de la muestra, de forma que el 83.8% de las mujeres analizadas mencionan haber empleado las redes sociales para esta acción, frente al 54% de los hombres que lo han realizado.

También se ha intentado recoger información acerca de los usos peligrosos que pueden tener lugar en estas herramientas. Para ello se han propuesto una serie de acciones y se ha preguntado en qué medida las han sufrido o las han llevado a cabo. Los resultados muestran que todos los participantes han recibido en mayor o menor medida alguna de las acciones propuestas, siendo la más destacable los insultos. Por otro lado, muy pocos han realizado esas mismas acciones, siendo las más realizadas los insultos y compartir imágenes ajenas.

Otro aspecto que se analiza es el denominado stalking, o acoso a través de las redes sociales. La gran mayoría de los sujetos analizados señalan que una vez finalizada la relación no vuelven a visitar las redes sociales de sus exparejas.

A continuación, se trata de averiguar qué entienden los sujetos analizados por violencia de género. Para ello, en primer lugar, se pide a los participantes que expliquen con sus propias palabras la definición de este tipo de violencia, la gran mayoría coincide que es un acto de agresión física y/o psicológica hacia las mujeres, algunos especifican que se trata de discriminación por cuestión de género. Por otro lado, existe una minoría de comentarios preocupantes respecto a este tema. Algunos de estos comentarios son: "Una ley opresora para los hombres." y "Eso son tonterías de guajas (niñas) modernas que había que poner en vereda."

Por otro lado, para comprobar el nivel de conocimiento sobre esta problemática se pusieron ejemplos de situaciones violentas en una pareja, para que los participantes señalasen aquellas que consideraban violencia de género y cuáles no. Como se puede observar en la Figura 3, todas ellas se corresponden a situaciones que se engloban dentro de la violencia de género, pero únicamente la acción de Pegar está considerada por la totalidad de los participantes como violencia de género. Por otra parte, las acciones que menos han sido consideradas como violencia de género, han sido los celos y el decirle a la pareja como no debe comportarse.

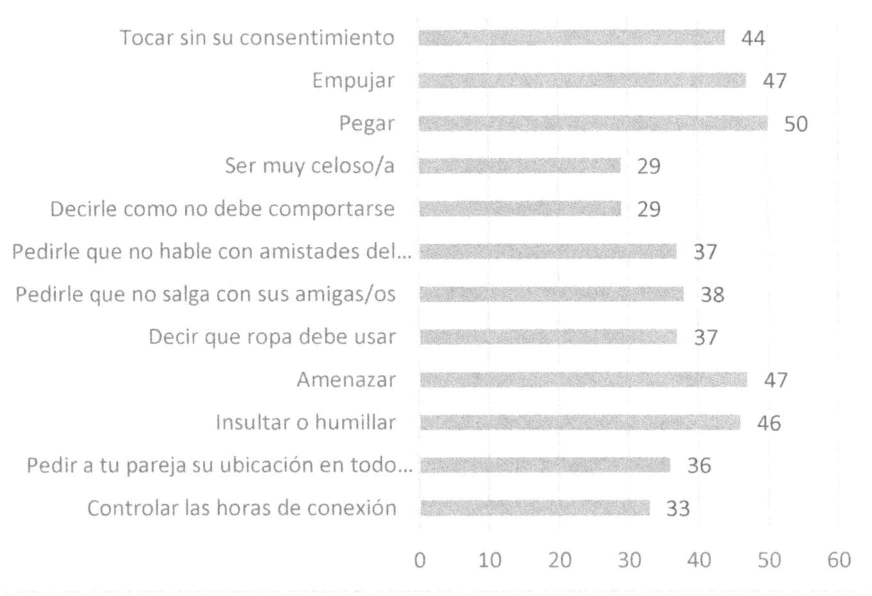

Figura 3: Nivel de conocimientos de situaciones de violencia de género.

Además del nivel de conocimiento, también se intenta conocer cuáles de estas situaciones han sido realizadas o padecidas por los participantes. Todos los participantes han sido víctima y han realizado alguna de estas acciones. Las más destacadas se corresponden con los resultados de la Figura 3, donde los celos no se consideran como violencia, por ese motivo es una de las acciones más realizadas. Por otra parte, las conductas consideradas en su mayoría como acciones de violencia de género son las menos realizadas y padecidas, pero aun así existen varios casos dentro de esta muestra tan reducida.

Además de estos dados, se ha podido observar una relación existente entre el control de las horas de conexión de la pareja y el sexo de los participantes. De esta forma, el 51.3% de las mujeres han señalado que en algunas ocasiones han controlado los horarios de conexión de sus parejas, frente a un 7.7% de los hombres.

Por último, se precisa saber si los participantes son conscientes de la existencia de esta problemática en las redes sociales. Para ello, se pregunta la cantidad de veces que han visto estas situaciones, donde el 36.7% ha observado alguna situación de violencia de género en las redes sociales

También se intenta averiguar si los jóvenes analizados creen que son un sector vulnerable a este tipo de violencia. Los resultados muestran que únicamente 5 personas creen que durante la adolescencia no se dan este tipo de situaciones, debido a la juventud de las personas. En cambio 43 de las 45 personas restantes, opinan que existe un riesgo medio-alto de violencia de género durante esta etapa. Los motivos más destacables mencionan la convivencia en una sociedad machista, entornos económicos y educativos precarios, la adolescencia como una etapa conflictiva y de inmadurez y dificultades para la detección de estas situaciones.

En cuanto a este ítem, destaca que el 95% de las personas que han tenido pareja opina que existe un riesgo medio-alto de que los adolescentes puedan ser víctimas de violencia de género.

Por último, se pregunta a los participantes la posibilidad de existencia de este tipo de violencia a través de las redes sociales. Las respuestas muestran que el 80% de los hombres creen que las redes sociales son un medio donde la violencia de género no tiene cabida, frente a un 94.5% de mujeres que opina que tienen un riesgo medio-alto de producirse a través de estos espacios. Dentro de los motivos aportados para justificar la posibilidad de producirse en estos medios destacan la facilidad del control de conversaciones y de la persona, la privacidad que aportan estos medios y que se trata de medios de comunicación empleados habitualmente. Por último, me gustaría destacar un comentario que hace referencia a que las personas violentas lo serán en cualquier medio.

6. Conclusiones

En primer lugar, se intenta averiguar cuáles son aquellas redes sociales más empleadas por los adolescentes. Los resultados muestran que las más empleadas son WhatsApp y YouTube. La primera es la herramienta de mensajería más empleada a todas las edades. Esta aplicación se ha convertido en el medio de comunicación más usual entre las personas, por lo que no sorprende que sea de la que mayor uso se hace. En cuanto a YouTube, se trata de una plataforma en auge, sobre todo entre los más jóvenes. A pesar de que esta herramienta no es una aplicación de mensajería, sí que se trata de una plataforma que puede influir en los comportamientos de los más jóvenes. También se trata de un lugar donde los jóvenes pueden compartir sus videos, llegándose a convertir en virales por toda la red, dando lugar a situaciones de acoso. Por estos motivos, es importante controlar este tipo de espacios, para poder evitar los contenidos nocivos para los jóvenes y aprovechar la influencia de estos medios, potenciando aquellos contenidos educativos.

Siguiendo con los datos obtenidos sobre el uso de las redes sociales, también se ha observado que los medios menos empleados por los adolescentes analizados son Tinder y Badoo, dos aplicaciones diseñadas para conocer personas y mantener relaciones. Esto puede deberse a que este tipo de espacios está restringido a menores. A pesar de ello, es una buena señal que muy pocos jóvenes los conozcan y/o utilicen ya que, en ellas, en muchas ocasiones, tienen lugar situaciones de acoso a las mujeres.

Por otra parte, a nivel general, se ha podido observar que, de las 50 personas analizadas, de entre 10 y 15 años, absolutamente todos utilizan en mayor o menor medida una o varias redes sociales, lo que convierte a estas herramientas, en un medio al que se le debe cobrar especial importancia ya que, cada vez cobra mayor protagonismo en la vida de los jóvenes.

Una vez analizada esta variable, se puede concluir que se cumple la hipótesis propuesta, ya que la red social más empleada es WhatsApp.

A continuación, se intenta averiguar cuál es el uso más extendido entre los adolescentes de las redes sociales.

Tal y como se ha previsto en las hipótesis, el uso más común de las redes sociales, entre la muestra analizada, es "hablar con amistades y familia". Se debe tener en cuenta que las redes sociales tienen como finalidad mantener en contacto a las personas a través de medios tecnológicos, por ese motivo no es destacable que el uso más empleado sea el destinado a conversar con familiares y conocidos.

Por otro lado, los resultados muestran que el segundo uso más realizado, entre este grupo de adolescentes, es el referido a publicar imágenes. Este a pesar de ser un resultado previsible en esta franja de edad, es un aspecto al que se le debe prestar especial atención, ya que uno de los aspectos más usuales en el ciberacoso es la utilización indebida de imágenes publicadas por segundas personas. También se debe tener en cuenta que muchos jóvenes publican imágenes sin tener en cuenta la repercusión que estas pueden llegar a tener en la web, dando lugar a numerosos casos de acoso sexual, sextorsión o incluso venta de imágenes ajenas a webs pornográficas. Por todo ello, es importante educar a las personas en los riesgos que se esconden detrás de un uso indebido de las redes sociales, así como en el respeto, para que, de esta manera, sean consecuentes con sus publicaciones y las de los demás.

Además de estas cuestiones para conocer el tipo de uso que los jóvenes dan a las redes sociales, también se ha investigado acerca de los posibles usos nocivos que pueden tener. Estos resultados muestran que el 64% de los participantes han observado la suplantación de una identidad ajena a través de estos medios. Esto puede ser resultado de una dificultad para traspasar las normas de conductas sociales del mundo offline al territorio online. Es decir, desde pequeños se nos inculcan una serie de normas de convivencia y valores que hace posible interactuar en la sociedad con un mínimo de respeto hacia los demás. El problema surge cuando algunas personas, al interactuar con el mundo online, las redes sociales y el resto de las TIC, no emplean unas pautas de conducta adecuadas, la llamada netiqueta, y por lo tanto no se trata con el mismo respeto a las personas. Por ejemplo, en el mundo real u offline, la suplantación de identidad es un grave delito del que la mayoría de las personas son conscientes, pero en cambio, es bastante usual encontrarse este tipo de acciones en el mundo online, ya que las personas no les otorgan el mismo valor ético.

Al igual que en la variable anterior, se cumple la hipótesis propuesta, el uso más empleado de las redes sociales por los adolescentes, es el de hablar con amistades y familia.

La siguiente variable trata de conocer el uso de las redes sociales dentro de las relaciones sentimentales. Dentro de este apartado destaca la información obtenida acerca del seguimiento que los participantes han realizado de sus exparejas una vez finalizada la relación. Esta situación de acoso cibernético o stalking tiene una puntuación muy baja, lo cual llama la atención, ya que el stalking es una forma de acoso muy habitual en las rede sociales debido a su fácil acceso y al anonimato que pueden proporcionar estas plataformas. Por este motivo, se cree que las respuestas que están dando estas personas están sesgadas por la deseabilidad social, es decir, los jóvenes saben que no es correcto controlar las redes sociales de sus exparejas, pero a pesar de ello lo realiza, por ese motivo no lo reconocen.

Analizando la siguiente variable se puede observar que, a pesar de que la violencia de género es un término tan conocido y empleado, no todas las personas conocen su verdadero significado y aquellas acciones que agrupa. Como queda recogido en esta investigación, los jóvenes analizados demuestran esta hipótesis. La mayoría de las personas creen que la violencia de género se reduce a la violencia física o la violencia psicológica en sus puntos más extremos, obviando otros aspectos que, a pesar de no dejar marcas visibles, también convierten a las personas que lo padecen en víctimas de violencia de género. Por estos motivos es importante educar en el respeto desde edades tempranas.

Por otra parte, resulta de vital importancia informar a estos jóvenes sobre los problemas de la sociedad, para que según vaya creciendo comprendan plenamente su significado y su repercusión en las personas y la sociedad, de esta forma evitaremos la aparición de más víctimas.

Muchos de los jóvenes analizados han reconocido haber realizado algunas de las conductas que se pueden englobar dentro de la violencia de género. Esto, a mi parecer, no les tiene que convertir en agresores, pero sí en agresores en potencia, en la mayor parte de los casos debido a falta de educación afectivosexual y falta de informaron sobre esta problemática. Esto quiere decir que, la solución ante la aparición de algunas de estas situaciones problemáticas es la reeducación de las personas, tanto del "agresor", como de la víctima.

Al comparar los resultados obtenidos con la hipótesis propuesta, observamos que esta última no se cumple, los jóvenes analizados no son plenamente conscientes del significado de la violencia de género y todos los aspectos que conlleva.

Finalmente, la última variable recoge la capacidad que tienen los jóvenes para identificar estas situaciones. El 82% de participantes ha mencionado no haber identificado nunca una situación de violencia de género, esto puede deberse a dos motivos. El primero, teniendo en cuenta la falta de conocimientos de estos jóvenes acerca de la violencia de género, es normal que crean no haber presenciado ninguna situación así, ya que no conocen realmente las características que la compone. El segundo motivo, es que los agresores prefieren esconder estas conductas del público para no ser identificados, por lo que seguramente empleen redes sociales privadas como puede ser WhatsApp.

Por otra parte, a pesar de su falta de conocimientos sobre este tema, la gran mayoría es consciente de que la edad no es un inconveniente para ser un agresor o una víctima y, ellos como adolescentes, también son un sector de riesgo. Este resultado concluye que se cumple la hipótesis propuesta anteriormente.

Por último, es destacable que el 94,5% de las mujeres cree que las redes sociales pueden ser un medio a través del cual se propague la violencia de género, frente a un 20% de hombres. Esto seguramente se deba, a que como se ha mencionado a lo largo de la fundamentación teórica, existe un mayor porcentaje de mujeres víctimas que de hombres, por lo que puede que se hayan sentido más identificadas con algunas de las conductas sugeridas en los ítems que muestran las características de la violencia de género.

Al calor de los resultados obtenidos en esta investigación, considero que existe una cierta desinformación sobre violencia de género entre los jóvenes en edad adolescente, debida principalmente a una reacción sobreprotectora por parte de los adultos, contribuyendo así a su invisibilización o normalización.

En este aspecto, creo que la educación juega un papel fundamental, puesto que durante la adolescencia los adolescentes comienzan a entablar sus primeras relaciones afectivo-sexuales, siendo más vulnerables a este tipo de conductas. Y por ello, es también en esta etapa de aprendizaje, cuando más labor de sensibilización, educación e información sobre el concepto de la violencia de género puede realizarse desde diferentes ámbitos que interactúan con los jóvenes, facilitando recursos para que puedan prevenir y sepan actuar ante este tipo de conductas.

Es necesario, proporcionar recursos educativos a los jóvenes sobre violencia de género, para que sean conscientes de los problemas y de la repercusión que puede tener, tanto en las víctimas como en su entorno. En caso contrario, se estará perdiendo una oportunidad muy importante para trabajar con jóvenes en la lucha contra uno de los problemas más importantes presentes en nuestra sociedad, a la vez que no favoreceremos el desarrollo de un pensamiento crítico que les permita afrontar los problemas o dificultades de su vida cotidiana.

Referencias bibliográficas

Amor, P., Bohórquez, I. A. y Echeburúa, E. (2006). ¿Por qué y a qué coste físico y psicológico permanece la mujer junto a su pareja maltratada? Acción Psicológica, 4(2), 129-154.

Delgado, J. B. (2016). Violencia en el Noviazgo: Diferencias de Género. Informes Psicológicos, 16(2), 27-36. doi: 10.18566/infpsicv16n2a02

Estébanez, J. y Vázquez, N. (2013). La desigualdad de género y el sexismo en las redes sociales. Una aproximación cualitativa al uso que hacen de las redes sociales los y las jóvenes de la CAPV. País Vasco: Observatorio Vasco de la Juventud.

Giddens, A. (2006). La transformación de la intimidad: sexualidad, amor y erotismo en las sociedades modernas. Madrid: Cátedra.

Grupo Interagencial de Género del Sistema de las Naciones Unidas en México. (s.f.). Violencia de género: Un obstáculo para el cumplimiento de los derechos de las mujeres. Ficha informativa sobre género y desarrollo.

Health Canada. (1995). Dating violence. Natural Clearinghouse on Family Violence. Recuperado el 1 de junio de 2017, de: http://www.hcsc.gc.ca/hppb/fami-lyviolence/wifeabus.htm

Hernando Gómez, A. (2007). La prevención de la violencia de género en adolescentes. Una experiencia en el ámbito educativo. Apuntes de Psicología, 25(3), 325-340.

López, M., López, V. y Galán, E. (2012). Redes sociales de Internet y adolescentes. Dimensión social. Madrid: UCM.

Lorenzo Barcenilla, S. (2015). Stalking. El nuevo delito de acecho del art. 172 ter del Código Penal. Aproximación al cyberbulling.

Martín Montilla, A., Pazos Gómez, M., Montilla Coronado, M. V. C. y Romero Oliva, C. (2016). Una modalidad actual de violencia de género en parejas de jóvenes: Las redes sociales. Educación XXI, 19(2), 405-429. doi: 10.5944/educxx1.16473

Moreno Fernández, A. (2015). La adolescencia. Barcelona: Editorial UOC.

Organización de las Naciones Unidas (ONU). (1994). Declaración sobre la eliminación de la violencia contra las mujeres.

Pascual Fernández, A. (2016). Sobre el mito del amor romántico. Amores cinematográficos y educación. DEDiCA, 10, 63-78.

Pérez de Miguel, P. (2014). La violencia de género a través de las nuevas tecnologías. (Trabajo Fin de Grado), Universidad de Jaén, Jaén.

Povedano-Díaz, A. y Monreal-Gimeno, M. C. (2012). La violencia de género en las relaciones de noviazgo: Una perspectiva ecológica. Junta de Andalucía.

Rennison, C. M. (2000). Intimate Partner Violence. Bureau of Justice Statistics.

Roca Monjo, A. (2011). Trabajo de investigación sobre la violencia de género. (Trabajo de Fin de Master). Universidad Internacional de la Rioja.

Ruiz Doblado, E. A. (s.f.). Violencia de género. Sobre las mujeres jóvenes en España. (Trabajo Fin de Master). Universidad Internacional de la Rioja.

Sánchez, A. y Fernández, M. P. (2010). Hábitos de los adolescentes en el uso de las redes sociales. Estudio comparativo entre Comunidades Autónomas. Informe Generación 2.0 2010. Madrid: Universidad Camilo José Cela.

Torres, A. (s.f.). Las 3 etapas de la adolescencia. Psicología y Mente. Recuperado el 22 de mayo de 2017, de: https://psicologiay-mente.net/desarrollo/etapas-adolescencia#

Capítulo III

OS MEIOS E EU, COMO CRIANÇAS LIDAM COM A INTERNET

Dra. Márcia Barbosa da Silva
Universidade Estadual de Ponta Grossa, Brasil

Resumo

De 2015 a 2017 desenvolvemos uma pesquisa, intitulada "Competências Midiáticas no contexto educacional dos Campos Gerais", em articulação com a Red AlfaMed de pesquisadores ibero-americanos. A pesquisa foi realizada no âmbito do LUME-Laboratório e Núcleo de Pesquisa em Comunicação e Educação da Universidade Estadual de Ponta Grossa, e recebeu financiamento do Programa Universidade Sem Fronteiras do Governo do estado do Paraná com a finalidade de buscar metodologias que auxiliassem a ampliação de competências midiáticas de estudantes do Ensino Fundamental. A pesquisa consistia no levantamento de competências midiáticas de diferentes grupos etários entre estudantes e professores. Destacamos aqui testagem do questionário destinado à faixa etária de 9 a 12 anos a partir da qual pudemos perceber que os alunos tinham o celular como principal mídia, mas apresentavam níveis rudimentares de competências midiáticas. Em consequência disso, desenvolvemos um trabalho voltado para essa faixa etária sobre sua relação com a internet, baseado nos trabalhos de Ferrés (2007), Ferrés e Pescitelli (2012) e Silva (2011). Nossa ação consistiu em apresentar a temática em diferentes momentos: conversas, visionamento de vídeos sobre o tema, produção de cartazes com o tema "A mídia e eu", exposição, e debates. A cada uma dessas etapas procuramos acrescentar camadas de significado ao tema. Ficou evidenciado o papel da família e da escola na regulação do uso do celular e na percepção dos cuidados em relação à internet. Com a realização dos cartazes, a relação com o tema tomou uma outra dimensão, a de fomentar no seu entorno familiar e do bairro a discussão sobre a internet, fazendo com que as crianças ampliassem as possibilidades de compreensão e de intervenção social sobre esse tema. Os dados mostraram a importância do trabalho na perspectiva processual apontando também o potencial ainda pouco explorado dos níveis de circulação e das múltiplas relações cognitivas/afetivas/sociais que podem envolver esse tipo de trabalho.

Palavras chave

Mídia-educação; Comunicação e Educação; Tecnologia da Informação e da Comunicação.

Introdução

Nos dias que correm, a mídia pode ser considerada como um elemento estruturante da sociedade, tanto por meio de redes digitais de comunicação pelas quais trafegam milhares de dados que impulsionam a economia, quanto por meio das elaborações simbólicas que advém dos processos de digitalização e virtulização da realidade. Numa sociedade democrática o direito à informação é fundamental, não apenas em relação ao que diz respeito ao acesso à informação e à compreensão dos seus modos de produção, bem como à possibilidade de livre expressão e circulação de diferentes visões de mundo. Dessa forma, o exercício da cidadania passa necesariamente pela compreensão da função social da mídia, bem como pela capacidade de expressão crítica e circulação midiática responsável.

> Uma sociedade com um bom nível de literacia nas questões dos media será simultaneamente um estímulo e uma pré-condição para o pluralismo e a independência dos meios de comunicação social. A expressão de opiniões e ideias diversas, em diferentes línguas, representando diferentes grupos, numa sociedade e entre sociedades diferentes contribui para o reforço de valores como a diversidade, a tolerância, a transparência, a equidade e o diálogo (União Europeia, 2009, p. 227/10)

Considerando o tempo que a infância tem dedicado à mídia em todo o mundo, tornou-se consenso o desenvolvimento de uma educação para a mídia desde cedo com o fim de garantir a formação de uma cidadania ativa como preconizam a UNESCO (2005, 2011) e a União Europeia (2009).

No Brasil, no entanto, não há uma política efetiva de introdução de uma literacia midiática como meta a ser alcançada pelos nossos estudantes. Consequentemente, não há também uma política de formação de professores nessa área. Nesse contexto as iniciativas de educação midiática ficam secundarizadas nos currículos escolares. As ações mais sistematizadas resultantes de pesquisas voltadas para os estudos em mídia e educação encontram-se dispersas pelos centros de pós-graduação que têm seu raio de ação limitado, dadas as especificidades culturais e territoriais brasileiras (Silva, 2011).

Há, no entanto, um interesse crescente dos profesores em conhecer melhor a mídia e pesquisas realizadas demonstram que, quando são conduzidos estudos supervisionados nessa área, há um aumento no dessenvolvimento das capacidades de compreensão crítica da mídia (Silva;Dias, 2016).

O presente trabalho se inscreve nesse cenário como uma contribuição para o desenvolvimento de boas práticas em mídia e educação. A proposta nasceu da participação na Pesquisa desenvolvida no âmbito da Red Alfamed e intitulada Competências Midiáticas em Contextos Euroamericanos. Coordenada no Brasil pela professora Gabriela Borges

Martins Caravela com a participação de seis universidades das regiões Sul, Sudeste e Centro-Oeste do Brasil, dentre elas a Universidade Estadual de Ponta Grossa. A pesquisa teve como objetivo o levantamento dos níveis de competências midiáticas de crianças de diferentes grupos etários: Crianças de 9-12 anos, Jovens de 14-16, Universitários de 17 a 21 anos, Professores Universitários de diferentes áreas do conhecimento e Profissionais da Comunicação. Para isso foram consideradas as dimensões: Tecnologia, Linguagem, Processos de interação, Produção e difusão, Ideologia e valores e também Estética, cada uma dessas dimensões foi descrita em termos de capacidade de análise e de expressão como preconizadas por Ferrés (2007) e Ferrés e Piscitelli (2012).

Os resultados apontaram a necessidade de investimento na educação para a mídia em todos os públicos estudados, sendo que as estratégias de análise foram mais desenvolvidas que propriamente as de expressão especialmente entre as crianças menores (9-11 anos de idade). Esses resultados deram origem ao desdobramento dessa pesquisa: o levantamento e elaboração de boas práticas em mídia e educação como forma de auxilar profesores de anos iniciais no desenvolvimento de competências midiáticas de seus alunos.

1.Metodologia

A pesquisa se desenvolveu por meio do Laboratório de Estudos e Pesquisa em Mídia e Educação – LUME, com o financiamento do Programa Universidade Sem Fronteiras da Secretaria de Ciência e Tecnologia do estado do Paraná. Contou com a participação de 4 bolsistas, alunos de cursos de licenciatura, um profissional formado em Artes Visuais, e uma aluna bolsista em programa de fomento da própria Universidade. Os bolsistas tiveram a orientação de Professores participantes do LUME.

A pesquisa contou com as seguintes etapas: a) formação de grupo de estudos para o apoio às ações; b) escolha da escola; c) aproximação com o público alvo; d) planejamento de ações; d) desenvolvimento das ações planejadas; e) discussão dos resultados; f) replanejamento e adequações; retorno à escola.

1.1 Formação de grupo de estudos para o apoio às ações

O grupo de estudos teve por objetivo nivelar os conhecimentos dos bolsistas das diferentes licenciaturas participantes do projeto: Pedagogia, Artes Visuais e História, bem como aproveitar a diversidade de experiências e contribuições de cada uma dessas áreas. Foram desenvolvidas as seguintes temáticas: Literacia Midiática: histórico e conceitos; Literacia midiática e Cidadania; Literacia Midiática e Infância; Competências Midiáticas; Boas

Práticas em Educação para a Mídia. Para isso, foram utilizados autores como: David Buckingham, (2007) Cecilia von Feilitzen (2014), Simone Petrella (2012), Sara Pereira, Manuel Pinto, Pedro Moura, (2015), Joan Ferrés (2007); Joan Ferrés e Alejandro Pescitelli (2012); Ignácio Aguaded e Agueda Delgado (2014); Joan Ferrés, Ignácio Aguaded, Agostin García (2012); Maria Amor Pérez-Rodríguez e Paloma Contreras-Pulido (2014); Roger Silverstone, (2005); Mariazinha Fusari (2001), Paulo Freire (1997), Alexandra Bujokas, (2007, 2008); Evelyne e Bevort Maria Luiza Belloni (2009) entre outros. Houve também estudo das Cartas de Mídia e Educação e documentos produzidos pela Unesco (1982, 2007, 2013), bem como pelos documentos produzidos pela União Europeia (2008, 2009).

Os estudos proporcionaram ao grupo a geração de alguns concensos que orientaram nosso trabalho:

a) A Mídia compreendida como uma interface de comunicação que permite expresar e compartilhar nossos pensamentos, como também acessar o registro de representações, expressões e conhecimento acumulado pela humanidade. Uma interface que não apenas exibe e circula a mensagem midiática, mas interfere na sua elaboração estética/simbólica e consequentemente em sua interpretação (Silva, 2011).

b) O estudo das mídias mostra-se como um direito humano fundamental tanto no que diz respeito à livre expressão como em relação ao acesso a informação. (Feilitzen, 2014; Unesco, 2013, entre outros)

c) A importância de que os estudos de mídia considerem as crianças como sujeitos capazes de interpretação e produção midiática, principalmente quando têm acesso aos meios de produção. (Buckingham, 2007; Fusari, 2001; Siqueira, 2008 e 2009; Silva 2011 entre outros).

d) Mídia como lugar de produção e difusão da cultura (Feilitzen, 2014; Unesco, 2013, Buckingham, 2007; entre outros)

e) O estudo das competências midiáticas podem auxiliar o profesor a intervir na realidade escolar para que proporcionarem a ampliação e desenvolvimento dessas competências comseus alunos. (Maria Amor Pérez-Rodríguez e Paloma Contreras-Pulido (2014); Sara Pereira, Manuel Pinto, Pedro Moura, (2015), Ignácio Aguaded e Agueda Delgado (2014); Joan Ferrés (2007); Joan Ferrés e Alejandro Pescitelli (2012) entre outros).

f) É preciso ampliar a formação continuada de professores para que possam trabalhar comas mídias na escola de maneira ativa e consciente. (Buckingham, 2007; Fusari, 2001; Silva 2011, Ferrés

2007, Maria Amor Pérez-Rodríguez e Paloma Contreras-Pulido (2014); Sara Pereira, Manuel Pinto, Pedro Moura, (2015), Ignácio Aguaded e Agueda Delgado (2014); entre outros).

A partir desse estudo procesdemos a escolha do campo de estudos.

1.2 Escolha da escola

De acordo com o Programa Universidade sem Fronteiras, as escolas eleitas para a realização das atividades deveriam ser, de preferencia, fora do local da sede da Universidade. Dessa forma a escola escolhida foi de uma cidade próxima chamada Telêmaco Borba. Além disso, era preciso obedecer ao critério de menor IDH (Índice de Desenvolvimento Humano), como forma de fazer chegar o conhecimento gerado pela universidade às camadas mais necessitadas dele. O IDH Municipal varia de zero a 1 considerando indicadores de educação, longevidade-saúde, e renda. Quanto mais próximo de zero, pior é o desenvolvimento humano do município. Quanto mais próximo de 1, mais alto é o desenvolvimento do município. De acordo com o último levantamento realizado em 2013, o IDH geral da cidadeescolhida é de 0,734 , considerado alto, O IDH de Educação foi de 0,657, ocupando o 90ºlugar entre os municipios do Paraná. Embora o nível de desenvolvimento do IDH de educação seja considerado médio, o municipio apresenta bolsões de pobreza que necessitam ser considerados em relação à distribuição de recursos materias e humanos para alcançar melhores índices.

A escola escolhida se situa justamente num entroncamento de bairros que abrigam famílias com renda média, baixa e baixíssima. Dentre os beneficios que a escola oferece estão a merenda e a formação continuada de seus professores. Nosso contato com a escola foi feito com a equipe gestora, por meio da qual conversamos com a representante da Secretaria Municipal de Educação e obtivemos a autorização para a realização das ações junto às crianças. A escola abriu espaço para que pudessemos trabalhar com uma turma de 3º ano do Ensino Fundamental com idade entre 9 e 12 anos. A diferença de idade entre as crianças de uma mesma turma se deve justamente às diferenças de condições de acesso e permanância na escola devido às características socioeconômicas das famílias.

1.3 Aproximação com o público alvo – as crianças

Nas primeiras ações envolvendo os alunos conversamos a respeito de sua relação com as mídias. Descobrimos que, apesar da carência em diversos aspectos, muitos deles já tinham contato com computadores ou celulares. Outros, porém, nunca tiveram meios de obter esses aparelhos, embora seja parte de seu horizonte de desejos. De uma maneira geral, os alunos do 3º ano do Ensino Fundamental da Escola nunca haviam discutido o uso das Mídias. Se por um lado uma parcela dos alunos tinha acesso ao computador ou a celulares e à Internet em seus lares, outra parte tinha na escola uma importante porta de acesso que foi viabilizada pela presença do projeto na escola.

Diante disso, resolvemos desenvolver uma oficina para discutir com as crianças a sua relação com as mídias visando avaliar seu senso de proteção na Internet. A oficina envolveu 26 crianças e se desenvolveu no espaço de uma hora, no turno da tarde, durante 15 dias. Num primeiro momento abordamos a sua relação das crianças com a informática e as redes sociais.

Posteriormente exibimos um vídeo sobre como se proteger na Internet. Este vídeo contava a história de dois personagens.Um deles estava navegando na Internet quando, de repente, o computador para de funcionar. O segundo personagem vem em seu socorro e descobre que a causa do apagão foi um virus. Ele então começa a explicar ao primeiro personagem sobre como navegar em segurança, ao final o computador se recupera e o primeiro personagem pode navegar agora em segurança.

Na sequência, conversamos mais um pouco sobre as formas de proteção na internet e apresentamos uma campanha feita pelo governo Português, por meio de cartazes, convidando as crianças sobre a Internet. Os cartazes seguiam um padrão: no alto a frase "O que farias?" como um convite ao leitor a se envolver com um problema relacionado à utilização da Internet e redes socias. Logo abaixo vinha a exposição do problema apresentada a seguir através um desenho e de um pequeño texto. Um dos cartazes trazia, por exemplo o seguinte problema: Uma amiga começa a contar em detalhes na rede social sobre as férias que irá passar com a familia dando munição a pessoas mal intencionadas e isso a personagem não acha isso bom.

Consideramos a estratégia do cartaz interesante, pois ele não traz a resolução do problema, mas instiga a discussão sobre ele. Depois de conversarmos sobre o cartaz e analisarmos seus elementos junto com as crianças, as convidamos a criarem seus própros cartazes. Durante a semana as crianças criaram e pintaram seus cartazes, posteriormente conversaram sobre as frases que iriam acompanhar os desenhos.

Os desenhos foram scaneados e formatados depois discutidos com as crianças. Os cartazes participaram de duas exposições fora da cidade, mas o final do trabalho culminou com uma exposição na própria escola na qual as crianças puderam compartilhar seus trabalhos aos familiares.

2. A Mídia e Eu – eu sou assim e você?

As ações desenvolvidas foram ancoradas de acordo com o que chamamos de momentos de aprendizagem, elaborados de acordo com os estudos realizados. Esses momentos não acontecem separadamente, muitas vezes se interpenetram:

- Conteúdo – Este é o momento inicial, quando procuramos mapear as impressões de cada um sobre o tema tratado. Isso favorece que o professor se informe sobre os conhecimentos prévios dos alunos sobre o tema (FREIRE, 1987). Colabora para a formação de um repertório comum, encorajando a interpretação de cada participante e as interpretações coletivas, para que uma fala possa enriquecer a outra adicionando-lhe camadas de significado. Não importa aqui que o aluno reproduza a fala do profesor, mas que possa expressar a sua própria visão sobre o tema. Nesse momento é importante fazer o registro das impressões dos alunos, para que o profesor possa estudá-las e problematizá-las posteriormente com a turma. É importante que o profesor tenha em mente que a cada etapa precisa de tempo para ser amadurecida e encontrada as posibilidades de ampliação. Não somente a criança precisadesse tempo mas o próprio profesor também o necessita.

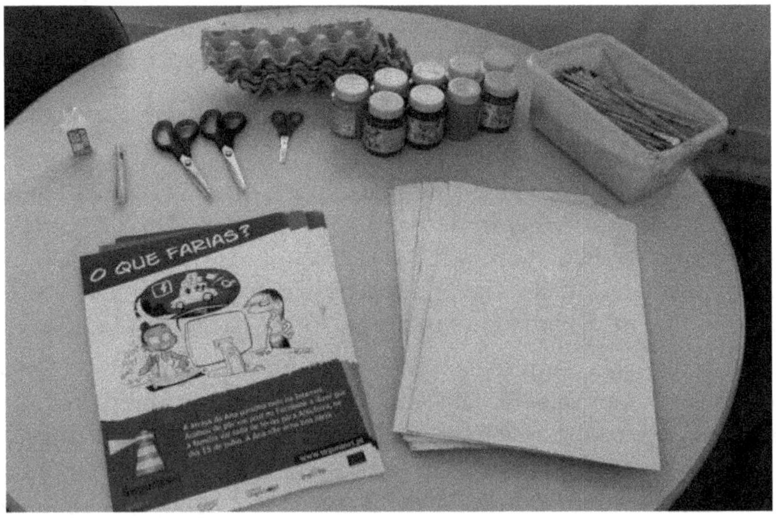

Figura 1 – Os cartazes Portugueses

- Linguagem – Nesse momento procuramos discutir os elementos da linguagem audiovisual com as crianças para que pudessem ler melhor as imagens e perceberem como estas interagiam com o texto para construir significados. Questionamos as crianças acerca de como o tema foi mostrado no vídeo sobre a Internet e no cartaz elaborado por um órgão governamental Português, quais formas foram usadas para combinar os elementos audiovisuais, para construir a narrativa. E se eles tivessem que dizer o mesmo para as pessoas, como elas falariam sobre o seu relacionamento com a mídia se tivessem que fazer um cartaz. De uma maneira geral as crianças demonstraram alguns conhecimentos rudimentares sobre essa linguagem, mas houve momentos em que claramente demonstraram que estavam percebendo essas relações pela primeira vez. Isso é importante dentro desse momento pois a função do profesor é partir do que o aluno já sabe, mas também lhe oferecer possibilidades de ampliação desse conhecimento. (Freire, 1987, Fusari 2001, Silva, 2011).

- Técnica – Conversamos sobre quais recursos foram utilizados para mostrar o tema nos dois meios. Como foi feito para mostrar isso no cartaz, o que seria necessário para que as crianças produzissem seus próprios cartazes. Esse momento se interpenetra com o anterior, mas aqui é importante pensar no "como fazer". Para além da análise do "como foi mostrado", entender como foi feito, que recursos midiáticos foram utilizados e de qual forma, traz as crianças para o campo da técnica. Discutimos sobre quais processos teriam sido utilizados para a realização do cartaz, e como eles poderiam ter acesso a esses processos para produzirem seu próprio cartaz. A escola dispunha de um laboratório de informática, mas não pudemos utilizar de início. Por isso uma parte do que planejamos fazer com as crianças teve de ser feita na universidade e trazida para as crianças. Apesar de elas participarem do processo de escolha das técnicas e da estética a ser adotada nos cartazes uma parte teve que ser feita pela equipe. Essa movimentação, por outro lado, favoreceu a ativação do laboratório, num momento posterior ao da confecção dos cartazes.

Figura 2 – Grupo de crianças elaborando os próprios cartazes

- Apropriação - como posso fazer o mesmo? A imitação de um procedimento, ou percorrer os mesmos caminhos já trilhados por outros, favorece a apropriação das linguagens midiáticas numa perspectiva emancipatória quando isso é feito criticamente (Silva, 2011). Nesse caso, a análise de como foi feito o cartaz português e a discussão sobre seus elementos propiciou às crianças percorrerem ese caminho, bem como a pensarem sobre como poderia ser o seu próprio cartaz e sobre quais elementos iriam conservar e quais iriam modificar em suas propostas.

Figura 3 – Cartaz A Mídia e Eu – eu sou assim e você?

- Criação – Este momento se interpenetra com o momento anterior. Como fazer diferente? A apropriação crítica pode levar à experimentação de outras possibilidades de experimentação da linguagem midiática. Durante o desenvolvimento das ações, foi possível notar que os cartazes dos alunos sobre a sua relação com a mídia adquiriram uma estética própria. As conversas sobre a estética dos cartazes portugueses resultou na discussão sobre como seria a estética dos cartazes deles. Qual seria a frase a ser colocada e como seria a disposição. Nesse sentido o cartaz das crianças foi inspirado no modelo português, na ideia de uma campanha, mas se diferenciou nos problemas apontados e na forma como foram apresentados ao público. No cartaz das crianças não havia um problema em si, mas sim a exposição de sua relação com a Internet e as redes sociais traduzidas na frase título do cartaz "a mídia e eu". Ao final a frase "Eu sou assim e você?" convida os leitores a refletirem também sobre a sua própria relação com a Internet e as redes socias.

Figura 4 – Exposição de cartazes

- Circulação – Este momento traz como mote a pregunta: "Como me percebo através do outro?". A circulação pressupõe a vulnerabilidade da produção midiática aos olhos dos outros e sua transformação por esse olhar, além de introduzir no circuito comunicativo a possibilidade de outras visões de mundo. Nesse sentido propuzemos a realização da exposição dos cartazes. Ela aconteceu em três momentos: Durante um evento em Ponta Grossa no qual as crianças tiveram oportunidade de visitar e concorreram a prêmios. Posteriormente esses cartazes foram expostos num evento internacional para o qual as frases foram traduzidas para o espanhol, e finalmente também foram expostos para a comunidade.

Figura 5 - Crianças premiadas na exposição

- Cidadania - Como participo do circuito de comunicação? A participação no circuito comunicativo em uma perspectiva emancipatória traz para as pessoas uma outra percepção de si, de como os outros recebem e reagem diante de suas mensagens midiáticas, traz também uma percepção do coletivo e sua parcela de responsabilidade nele. A participação das crianças nas exposições, especialmente na realizada em sua própria escola ofereceu para elas a possibilidade de interagir com seus familiares a partir da mídia produzida por eles próprios. Isso fez com que a discussão sobre a mídia ultrapassasse as fronteiras da sala de aula e passasse para a comunidade.

Figura 6 – Exposição de Cartazes na Escola

3. Discussão dos Resultados

O objetivo da parte da pesquisa relatada até aqui foi a realização de atividades que se constituíssem em boas práticas de educação para a mídia voltadas para crianças de 9 a 7 anos, em função de constatarmos níveis rudimentares de competências midiáticas nessa faixa.

Nossas ações foram pautadas na discussão de teóricos e experiências realizadas nessa área em outros países. Isso resultou na elaboração de uma abordagem diática que denominamos "Momentos de aprendizagem", que sereferem a procedimentos norteadores da educação para a mídia, porém que não são estanques, pelo contrario, se mesclam no decorrer do processo.

Aliás o cartáter procesual também é um traço forte na realização desses momentos. Pois envolve a ação–reflexão-ação transformada do professor.

As ações empreendidas estiveram em consonancia com as competências midiáticas conforme descritas por Ferres (2007) e Ferrés e Pescitelli (2012)

Tabela 1. Relação entre momentos de aprendizagem e as competências midiáticas.

Momentos de Aprendizagem	Competências Midiáticas
Conteúdo	Linguagem, Tecnologia, Processos de Interação, Ideologia e Valores, Produção e Difusão, Estética.
Linguagem	Linguagem, Ideologia e Valores, Estética.
Técnica	Tecnologia, Estética, Produção e Difusão, Ideologia e Valores,
Apropriação	Produção e Difusão, Processos de Interação, Ideologia e Valores,
Circulação	Processos de Interação, Produção e Difusão,
Cidadania	Ideologia e Valores,

Fonte: elaboração própria

Os momentos de aprendizagem por sua característica procesual e recorrente (Silva 1997 e 2011), tem a possibilidade de auxiliar na ampliação das competências midiáticas das crianças uma vez que proporciona não somente a reflexão no âmbito da análise de cada uma das dimensões das competêncis como também o exercício no âmbito da expressão de cada uma delas. No entanto o seu alcance é limitado se não houver uma continuidade.

No caso em estudo, as crianças participantes do projeto mostraram que os aspectos relativos ao âmbito da análise são relacionados ao seu ambiente cultural. Ou seja, quem oferece os parâmetros para a relação com as redes sociais e a Internet são os adultos próximos – a familia e professores. Pudemos notar isso por meio das frases dos cartazes como:

Não conversar com gente estranho. Nunca assista coisas ruins.

Na internet você pode fazer várias coisas legais. Mas também tem coisas perigosas em site desconhecidos.

O celular é bem legal de usar e a internet, mas tem que ter muito cuidado ao conversar com pessoas esquisitas.

Há uma relação lúdica com a Internet, na qual os jogos são as principais atrações, porém as crianças ainda precisam de maior auxílio em relação ao conhecimento dos meios técnicos de proteção na rede como demontram as frases a seguir:

Eu uso o celular para jogar é o que eu mais gosto. Às vezes entra vírus e eu não gosto quando faz isso.

> Eu uso a internet para desenhar e assistir e também para pesquisar tarefa
> da escola. E meu preferido, o computador, é uma coisa que eu adoro e jogos
> também. Às vezes trava o computador.

As crianças também mostraram que sua visão sobre a internet está mediada
também pelas noticias de TV como se pode notar na frase a seguir:

> Eu gosto de assistir desenhos e jogar, acho perigoso a internet ter
> sequestro.

O acesso à internet parece ser mais ou menos livre quando se trata do
celular, mas as crianças parecem ter introjetado o olhar do adulto próximo
(pai e mãe) como fator de proteção:

> O celular se você ligar a internet e ver que chegou uma mensagem
> desconhecida que pede o número da casa, não mexa. Fala pra tua mãe ou
> com teu pai.

As ações também proporcionaram experiências de decentração e ampliação
de suas vivencias culturais. Quando foi feita a exposição em outro
municipio a prefeitura alugou um ônibus para levá-las à Ponta Grossa. A
maioria dos alunos nunca havia sequer saído de Telêmaco Borba. O passeio,
o almoço num restaurante comercial, a participação nas atividades do
evento e ver seu trabalho exposto e valorizado através da concessão de
prêmios, favoreceu que as crianças alargassem suas experiênciaspara além
do ambiente escolar de forma positiva, experimentando a sensação de ter
seu trabalho circulando e valorizado para além da sala de aula.

Conforme as atividades foram sendo consolidadas junto à Escola, as demais
turmas e outras escolas do Município de Telêmaco Borba passaram a se
interessar mais pelo projeto. Atualmente o contato com a Secretaria e com
a tem se encaminhado no sentido de uma parceria para a formação de
professores não somente na área de mídias e educação como também em
outras áreas.

3. Considerações

As diferentes etapas desse trabalho proporcionaram diferentes tipos de
experiências aos atores participantes: as crianças foram ao mesmo tempo
sujeitos estudados e atores do processo a medida em que suas necessidades
puderam ser identificadas e suas ideias respeitadas, bem como pudemos
fornecer elementos para a compreensão de sua relação com a mídia.

Os professores da escola acompanharam o processo, mas embora não
tivessem tido oportunidade de participar dos grupos de estudos feitos em
Ponta Grossa, conseguiram perceber as posibilidades de incorporação
dessas atvidades em seu cotidiano. E a proximidade com a Secretaria da

Educação proporcionou a oportunidade de uma ação política de formação continuada nessa área.

Por outro lado os maiores beneficiados dessa ação foram os participantes bolsistas da pesquisa, pois estes ampliaram sua compreensão da educação para a mídia e sua importância para a formação tanto da criança quanto do profesor. Alguns confidenciaram que ao final do trabalho é que puderam perceber o seu alcance e potencialidades.

O trabalho com o estudo da mídia no Brasil necesita para se consolidar da multiplicação de experiências que se inscrevam na cultura escolar de modo que dessa prática social surjam as bases para uma ação/interação com as mídias de forma mais competente.

Referencias bibliográficas

Aguaded, Ignácio e Delgado, Agueda (2014). Políticas europeas para la educación y competencia mediática. In Eleá, Ilana (org). *Agentes e Vozes:* um panorama da mídia-educação no Brasil, Portugal e Espanha, NORDICOM, Editors: Ilana Eleá, pp.237-246.

Bevort, Eveline. Belloni. Maria Luiza. (2009). Mídia-educação: conceitos, história e perspectivas, *Educação e sociedade*, Campinas, vol.30, nº109, p. 1081-1102, set/dez.

BFI (2003). *Look Again!* A Teaching Guide to Using Film and Television with three-to eleven-year olds. London: BFI

Buckingham, David (2007), *Crescer na era das mídias eletrônicas.* Tradução Gilka Girardello e Isabel Orofino. São Paulo, Loyola.

Eleá, Ilana (org). *Agentes e Vozes:* um panorama da mídia-educação no Brasil, Portugal e Espanha, NORDICOM, Editors: Ilana Eleá, pp.167-172

Ferrés, Joan. (2007) La competencia en comunicación audiovisual: dimensiones e indicadores: Competence in media studies: its dimensions and indicators. *Comunicar*, nº 29, v. XV. Revista Científica de Comunicación y Educación; páginas 100-107.

Ferrés, Joan & Piscitelli, Alejandro (2012). La competencia mediática: propuesta articulada de dimensiones e indicadores. *Comunicar*, 38, 75-82. doi: 10.3916/C38-2012-02-08.

Ferrés, Joan. Aguaded, Ignácio. García, Agostin. (2012) La Competencia Mediática de La Ciudadanía Española, Competências y retos, *Revista de Comunicación Y Tecnologías*, Vol.10, No.3, pp. 23-42. Madri (Espanha).

Feilitzen, Cecilia von (2014). Educação para a mídia na perspectiva das crianças e adolescentes . In Brasil (org). *Cadernos de Debate da Classificação Indicativa*, Brasília: Brasil-Unesco, pp 14-22.

Freire, Paulo. (1997) *Extensão ou Comunicação?* 10. ed. Rio de Janeiro: Paz e Terra.

Fusari, Maria Felisminda de Rezende. (2001) Comunicação, meios de comunicação e formação de professores: questões de pesquisa. In: Porto, Tânia Maria Esperon (Org.). *Saberes e linguagens de educação e comunicação*. Pelotas: Editora e Gráfica Universitária – UFPEL.

Pereira, Sara, Pinto, Manuel e Moura, Pedro (2015), *Níveis de Literacia Mediática: Estudo Exploratório com Jovens do 12.º Ano*, Braga, Cecs – Universidade do Minho.

Petrella, Simone (2012). Repensar Competências e Habilidades para as Novas Gerações. Propostas para uma Nova Literacia Mediática. *Revista Comunicando*, 1(1): 205-222.

Pinto, Manoel; Pereira, Sara; Pereira, Luiz & Ferreira, Tiago (2011). *Educação para os Media em Portugal: Experiências, Actores e Contextos*. Lisboa: ERC.

Pérez-Rodríguez, Maria Amor e Contreras-Pulido Paloma (2014) La competencia mediática en la Educación Primaria y Secundaria en EspañaEleá, In Eleá, Ilana (org). *Agentes e Vozes:* um panorama da mídia-educação no Brasil, Portugal e Espanha, NORDICOM, Editors: Ilana Eleá, pp.229-236.

Silva, Márcia Barbosa. (1997) Criança e Televisão: que contribuições o trabalho docente na pré-escola?. Dissertação (Mestrado), USP, São Paulo, SP.

Silva, Márcia Barbosa. (2011) O lugar do estudo das mídias na formação de professores numa perspectiva emancipatória. Tese (Doutorado em Educação) Universidade Federal do Rio Grande do Norte, Natal, RN.

Silverstone, Roger. (2005) *Por que estudar a mídia?* – tradução de Milton Camargo Mota, 2ª ed. São Paulo: Loyola.

Siqueira, Alexandra Bujokas de. Educação para a mídia como política pública: experiência inglesa e proposta brasileira. *Comunicação & Política*, Rio de Janeiro, v.25, n.1, p.73-100, 2007.

Siqueira, Alexandra Bujokas de. Educação para a mídia: da inoculação à preparação. *Educação e Sociedade.* , Campinas, vol. 29, n. 105, p. 1043-1066, set./dez. 2008 Disponível em <http://www.cedes.unicamp.br> . Acesso em 19 out.2017

Unesco (1982), *Grünwald Declaration on Media Education*, Grünwald.

Unesco (2007), *Paris Agenda – Twelve Recommendations for Media Education*, Paris. União Europeia (2007),

Unesco (2013). *Alfabetização mediática e informacional: currículo para a formação de professores*. Brasília: UNESCO; UFTM.

União Europeia (2008), *Conclusões do Conselho de 22 de Maio de 2008 sobre Uma Abordagem Europeia da Literacia Mediática no Ambiente Digital.*

União Europeia (2009), Recomendação da Comissão de 20 de Agosto de 2009 sobre Literacia Mediática no Ambiente Digital para uma Indústria Audiovisual e de Conteúdos Mais Competitiva e uma Sociedade do Conhecimento Inclusiva.

Capítulo IV

LA ALFABETIZACIÓN MEDIÁTICA EN ADOLESCENTES: UN ESTUDIO COMPARATIVO ENTRE ESCUELAS SECUNDARIAS MEXICANAS

Ana Luisa Valle Razo
Universidad de Guadalajara (México)

Ángel Torres-Toukoumidis
Universidad Politécnica Salesiana (Ecuador)

Luis M. Romero-Rodríguez
Universidad Internacional de La Rioja (España)

Resumen

Se propone analizar la influencia del entorno social en el desarrollo de la alfabetización mediática en dos grupos de adolescentes de Zapopan, Jalisco para saber qué características en el entorno propician la adquisición de las habilidades que supone estar alfabetizado en la era digital y cuáles son las diferencias en el acceso y uso de medios y tecnologías en diferentes espacios: escuela, familia y comunidades virtuales.

Se ha diseñado un primer instrumento de recabación de información a partir de la propuesta de dimensiones e indicadores de la competencia mediática de Ferrés y Piscitelli (2012): un cuestionario aplicable a la muestra de alumnos correspondiente a cada escuela con el afán de conocer hábitos de uso de medios de comunicación y habilidades en el manejo de contenido mediático.

Algunos de los hallazgos encontrados en la primera fase del trabajo de campo permiten descartar el carácter público o privado de la educación como factor determinante para el desarrollo de la alfabetización mediática pues las escuelas que conforman la muestra cuentan con una estrategia de integración de tecnología a sus dinámicas, además existe una penetración mediática que rebasa el aula y, a grandes rasgos, los estudiantes dominan lenguajes tecnológicos que se objetivan a través del uso constante de *gadgets* y aplicaciones.

Palabras Clave

Alfabetización Mediática, Adolescentes, Tecnologías de la Información y Comunicación, Pensamiento Crítico, Uso de tecnología en adolescentes, Cultura Digital en el Aula.

Introducción

El uso de tecnologías digitales de comunicación constituye uno de los paradigmas del nuevo siglo. La mayoría de los procesos y actividades de la vida cotidiana han evolucionado con el desarrollo de Internet: leer, acceder a productos audiovisuales (películas, series, canciones), conocer nuevas personas, realizar operaciones bancarias, aprender un nuevo idioma o inclusive ir a la escuela. Lo anterior no significa que vivamos en una especie de dimensión virtual, sin embargo, la mayor parte de la realidad actualmente se encuentra tecnológicamente mediada (Castells, 1996 y 2009 citado en Jensen, 2012: p.189).

El uso y acceso tanto a medios de comunicación tradicionales (radio y televisión), como a medios digitales (Internet, computadoras, tabletas y celulares), inicia a edad temprana. Los niños demuestran habilidades anticipadas para el manejo de los medios de comunicación: "se puede evidenciar que éstos poseen una conciencia tecnológica intuitiva" (Riveros, Arrieta y Delgado, 2009: p.59).

Desde hace algunas décadas, y como exigencia de organismos internacionales como la UNESCO, la OCDE o el Parlamento Europeo, en el entorno escolar se ha contemplado a los medios tradicionales, en un primer momento, y ahora también a las tecnologías digitales como un aliado en el progreso educativo. En el caso de muchos países, México incluido, las estrategias empleadas para acercar a los estudiantes al paradigma tecnológico han dado como resultado una competencia digital reducida a la habilidad para manipular diferentes dispositivos: computadoras, celulares, *tablets* o inclusive Internet, sin que muchas veces exista una reflexión crítica acerca de la información a la que se accede (Levis, 2006: p.79).

Debido a la importancia que representan los medios de comunicación digitales actualmente, resulta necesario que exista en los nuevos usuarios una formación crítica respecto al uso de tecnologías y tanto la escuela como el hogar deben convertirse en espacios que propicien la adquisición de habilidades imprescindibles para formar usuarios capaces de participar en las nuevas dinámicas globales.

La integración de tecnologías tanto en el hogar como paulatinamente en las escuelas, ha propiciado que desde temprana edad el individuo acceda y haga uso de redes de información digitales, principalmente a través de Internet y telefonía móvil, con fines escolares o de ocio (Rodríguez Pascual, 2006, p. 144): "la incorporación de los niños e Internet la practican contextualizando el medio tecnológico a sus propias necesidades. Básicamente, comunicarse, relacionarse, jugar e informarse" (Sánchez Bursón, 2008, p.34).

En México existen 70 millones de internautas de los cuales el 36% son menores de 17 años, y su tiempo promedio de conexión diaria es de 8 horas y un minuto de acuerdo al 13º Estudio sobre los Hábitos de los Usuarios de Internet en México 2017 llevado a cabo por la Asociación Mexicana de Internet (AMIPCI). El tiempo de conexión promedio resulta inclusive mayor que la duración promedio de la jornada escolar en México (5 horas) y este tiempo transcurre mayormente en el hogar (AMIPCI, 2016). Estas cifras permiten plantear la necesidad de una formación que se vincule con lo que sucede fuera del aula y aproveche la familiaridad que tienen los niños con estas nuevas herramientas, ocupándose tanto de instruir cómo utilizar un medio de comunicación, como de que la interacción con el medio y el tiempo invertido en él tengan la posibilidad de convertirse en conocimiento significativo para el usuario.

La constante exposición a herramientas digitales dentro y fuera del aula, y la nueva naturaleza de los mensajes multimedia que se generan en ellas, exigen una nueva "alfabetización" que preste especial interés no solo a la técnica requerida para utilizar estos equipos, sino que incentive el análisis crítico de la información encontrada a través de los medios de comunicación digitales; una alfabetización que propicie el diseño y articulación de nuevos mensajes y que desarrolle la capacidad del usuario de convertir la información que encuentra en conocimiento (McDougall y Kendall,2012, Tyner y Gutiérrez, 2012).

La alfabetización mediática como objeto de estudio

La alfabetización mediática supone habilidades para "buscar, obtener, procesar y comunicar información y transformarla en conocimiento" (Tyner y Gutiérrez, 2012, p.37). Y de acuerdo a Baran (2014, citado por Ciurel, 2016, p.16) este nivel de competencia digital se relaciona con el pensamiento crítico que permite a los usuarios desarrollar juicios independientes sobre el contenido de los medios y con estrategias para analizar y discutir los mensajes de los medios de comunicación. Además de ser vista como el resultado de una educación tecnológicamente inclusiva (Tyner y Gutiérrez, 2012, p.35), se comprende como una necesidad ante el manejo autónomo de tecnología en la vida cotidiana. Aspecto que se ve influido a su vez, por las condiciones socioeconómicas y el uso o familiarización con tecnología por parte de los padres, hermanos o inclusive, amigos.

Para Potter (2001, 2004) la alfabetización mediática es una perspectiva construida por el individuo a medida que se expone a contenido mediático, esta perspectiva se objetiva en estructuras de pensamiento hechas a partir de sus habilidades para interpretar los mensajes y de la información misma provista por los medios. En el marco de la Sociedad del Conocimiento, la alfabetización mediática representa la formación necesaria para "buscar, jerarquizar y organizar la información omnipresente" (Sánchez Bursón, 2008, p.29).

Se entiende entonces como una educación sobre los medios que rompe la concepción, hasta ahora vigente, de estos como herramientas extensivas de un modelo educativo tradicional: proyectar contenido a través de un cañón o en el mejor de los casos impartir clases de computación básica no resultan estrategias que abonen al máximo aprovechamiento de un medio de comunicación como fuente de información y conocimiento. La alfabetización mediática se enriquece de experiencias posibilitadas tanto en el aula como fuera de ella, y por tanto, padres y maestros tienen un papel decisivo en la formación de nuevos usuarios de medios de comunicación capaces de ser partícipes de los nuevos flujos de información que caracterizan a las nuevas sociedades.

Es importante considerar que el uso de los medios no es exclusivo de los espacios educativos, el estudio realizado anualmente por la AMIPCI permite observar que la escuela todavía no constituye un espacio que se distinga significativamente por el acceso y uso de los nuevos medios de comunicación. Sin embargo, diversos autores (Sánchez Bursón, 2008, Ortega Sánchez, 2009, Coslado, 2012) han afirmado que las tecnologías digitales tienen el potencial necesario para transformar la educación de acuerdo a las exigencias de las sociedades actuales aprovechando el tiempo que invierten los usuarios en actividades relacionadas con Internet y tecnología, y la familiaridad con que los operan.

En el plano latinoamericano, las propuestas de alfabetización mediática tienen su origen en las iniciativas de la educación para la recepción crítica (Orozco, 2000), cuyo principal referente y base teórica-epistemológica fue el educador brasileño Paulo Freire "especialmente por su comprensión pionera del vínculo entre ambos procesos y por la importancia que atribuyó a los mismos en la planificación del cambio social" (Barranquero, 2006, p.79).

Para Freire, en cualquier proceso educativo existe una concepción de comunicación, sea esta vertical, autoritaria, liberadora o persuasiva: "la comunicación y la educación nunca son neutros, sino (y sobre todo) procesos profundamente políticos, que contribuyen a perpetuar o a alterar la estructura del sistema: reproducción vs. cambio social; conservación vs. progreso" (Barranquero, 2006, p.79). Así, su concepción de educación sería un proceso de doble flujo, crítica y liberadora.

Bajo este contexto reflexivo, este trabajo tiene como objetivo analizar el entorno social en el desarrollo de la alfabetización mediática en dos grupos de adolescentes de Zapopan. De forma que se pueda saber qué características en dicho entorno propician el proceso para adquirir las habilidades que supone estar alfabetizado en el uso de los medios de comunicación en la era digital y cuáles son las principales diferencias en el acceso y uso de estos medios de comunicación en los diferentes espacios. Al referirnos al entorno social, pensamos en tres esferas: escuela, familia y la conformación de comunidades virtuales, como espacio simbólico de socialización e interacción con dispositivos tecnológicos. Tomando en cuenta las dinámicas en clase, el acceso a tecnología en casa, el uso de estas herramientas por parte de maestros, padres o amigos, o inclusive las características del propio medio de comunicación o de las plataformas digitales a las que acceden los adolescentes.

El análisis de estas tres esferas busca responder a la pregunta de investigación principal: ¿cuál es la influencia del entorno social (escuela, hogar y comunidades virtuales) en el desarrollo de la alfabetización mediática en adolescentes? Para dar respuesta a la pregunta principal se enlistan las preguntas secundarias que buscan estructurar el análisis en tres partes, primero es necesario conocer los hábitos generales de acceso y uso de tecnologías de la información relacionados con el nivel de alfabetización mediática, las siguientes dos fases del análisis examinarán específicamente el uso y acceso de TIC en diferentes contextos (escuela, hogar, comunidades virtuales):

- ¿Cuál es el nivel de alfabetización mediática de los adolescentes de las escuelas secundarias de Zapopan?

- ¿Qué estrategias escolares, familiares o autónomas propician el desarrollo de la alfabetización mediática?

- ¿Qué actores del entorno social inmediato del adolescente están involucrados en el desarrollo de la alfabetización mediática?

Este estudio, de índole comparativa, se desarrolla en dos escuelas, y si bien, ambas cuentan con una estrategia de integración de medios de comunicación en sus propias dinámicas de enseñanza-aprendizaje, es importante mencionar que estas estrategias son distintas, lo que permitirá afianzar el análisis hasta conocer de qué forma estas acciones propician el desarrollo de importantes habilidades relacionadas con el uso de contenido mediático, abonando además el análisis de los hábitos de consumo mediático en el hogar y la pertenencia a comunidades virtuales, considerando a estos espacios como co-constitutivos de la vida de los adolescentes, es decir, son alumnos, son hijos, hermanos, amigos y también son usuarios autónomos.

La evaluación de la Alfabetización Mediática

Con el desarrollo de la Educomunicación han surgido nuevas metodologías que tienen como objetivo proponer una escala de parámetros que permita evaluar los nuevos alfabetismos, así como las habilidades que suponen, surgidos en la era digital.

El trabajo presentado por Fedorov, Levitskaya y Camarero (2016) reúne la opinión de expertos en educación para los medios a nivel mundial para conformar un currículo internacional de alfabetización mediática; aporta una idea de lo que es evaluado como alfabetización mediática en distintos países, así como las ventajas y obstáculos que ha supuesto su implementación en las aulas. Este trabajo fue realizado a partir de un cuestionario enviado a expertos en el tema en el plano internacional, en el que se cuestionaba aspectos relacionados con el desarrollo de la alfabetización mediática en su país:

- si es contemplada como parte de los estándares de educación gubernamentales.

- las actividades bajo las cuales es propiciada esta formación.

- las prioridades que debería tomar en cuenta un currículo de alfabetización mediática en cada nivel: pre-escolar, escolar, universitario, y para la población en general.

- la pertinencia de diferentes estrategias para evaluar el nivel de alfabetización de los estudiantes.

- los mayores desafíos para el diseño e implementación de un currículo de alfabetización mediática.

Entre los resultados encontrados es importante mencionar que existe un consenso, más o menos general, acerca de las prioridades que debe tomar en cuenta un currículo de alfabetización mediática en cuanto a las habilidades con que deben contar los usuarios de medios de comunicación: reconocimiento de los géneros, lenguajes y representaciones mediáticos, sus funciones y efectos, el rol de los medios de comunicación en los procesos políticos y democráticos, así como las implicaciones comerciales (Fedorov, Levitskaya y Camarero, 2016). Además coinciden en enlistar a las operaciones administrativas dentro de los cuerpos académicos, la formación continua del profesorado y el desarrollo de investigaciones de alto nivel en el tema como los mayores desafíos para el diseño e implementación de un currículo de alfabetización mediática.

El trabajo realizado por Contreras-Pulido, Palanco-Salguero y Aguaded-Gómez (2013) resulta útil para conocer el tipo de instrumentos que pueden ser viables para la evaluación de la alfabetización mediática. En este estudio se diseñaron cuatro cuestionarios electrónicos, uno para cada nivel escolar: infantil, primaria, secundaria y bachillerato. Y además se elaboró una herramienta de seguimiento a la aplicación del cuestionario en diez provincias españolas. Se trata pues, de un macro proyecto que evidencia el estado actual de la competencia mediática a través de una muestra numerosa, pues en total fueron aplicados 2120 cuestionarios en los cuatro niveles educativos mencionados. Este trabajo parte de las seis dimensiones de la competencia audiovisual propuestas por Ferrés en 2007 y luego reiteradas cinco años después por Ferrés y Piscitelli: tecnología, lenguaje, produccion y programación, recepción e interacción, ideología y valores, y por último, estética.

Por otro lado, el estudio de Dornaleteche-Ruiz, Buitrago-Alonso y Moreno-Cardenal (2015), también fundamentado en las dimensiones propuestas por Ferrés y Piscitelli (2012) presenta un instrumento que permite medir el conocimiento y uso activo de una serie de ítems de alfabetización digital online (ADO) basado principalmente en las dimensiones lingüística y tecnológica.

El test diseñado está compuesto por tres módulos: variables demográficas, uso y conocimiento de herramientas digitales, mientras que el tercero se compone de dos aspectos: uso prioritario de Internet y formas de aprender a usar Internet (p.180). Los ítems fueron puntuados en una escala de Likert: "si no lo conocían puntuaban 0, si lo conocían y sabían para qué sirve pero no lo utilizaban 1, y si lo conocían y lo utilizaban activamente un 2" (p.180). La puntuación máxima del test era de 6 puntos por categoría, el test ADO estaba conformado por un total de 15 categorías, por lo tanto: "De 0 a 18 puntos se considerará un nivel ADO bajo, de 19 a 36 un nivel medio-bajo, de 37 a 54 un nivel medio, de 55 a 72 un nivel medio alto y de 73 a 90 un nivel ADO alto" (p.181).

En cuanto a los resultados más sobresalientes de la aplicación del test ADO a la muestra es que esta cuenta con un nivel medio-bajo (25/90 puntos). Los encuestados de 15 a 29 años de edad obtuvieron los resultados más altos, mientras que las personas sin estudios o únicamente con estudios primarios obtuvieron las puntuaciones menores:

> El ciudadano medio encuestado no supera la prueba planteada de conocimiento y manejo de ítems de alfabetización digital on-line; ni siquiera tener estudios universitarios garantiza llegar al nivel medio; el perfil de usuario Internet es pasivo; las mujeres están menos empoderadas que los hombres en este ámbito (Dornaleteche-Ruiz, Buitrago-Alonso y Moreno-Cardenal, 2015, p.184).

La revisión de trabajos de esta índole posibilitó la delimitación del objeto de estudio, logrando trascendentes acercamientos a autores, enfoques teóricos y metodológicos, y contextos en los cuales se ha estudiado este fenómeno.

Rumbo metodológico de la investigación

Se parte del supuesto que los sujetos de investigación cuentan con habilidades sofisticadas relacionadas con el uso de medios de comunicación y tecnologías. Estas habilidades permiten satisfacer necesidades inmediatas a través de estos dispositivos: necesidades de ocio, de comunicación, información, conocimiento en diferentes espacios como la escuela, el hogar o a través de la conformación de comunidades en línea.

Este repertorio de habilidades ha sido adquirido a través del uso de medios de comunicación y tecnologías en diversos espacios que conforman el entorno social inmediato del adolescente: hogar, escuela, espacios virtuales. Dentro de estas esferas el uso directo de dispositivos mediáticos es influido por distintos factores y otros actores: infraestructura disponible, permisividad ante el uso de medios de comunicación y tecnologías por parte de padres o maestros, instrucción en el aprendizaje acerca del uso de estos dispositivos o inclusive el uso autónomo por parte del adolescente.

Se propone un diseño metodológico mixto que parte de una evaluación cuantitativa de las habilidades respecto al uso de medios de comunicación y tecnología en la línea de la alfabetización mediática, y una segunda aproximación al objeto de naturaleza cualitativa que consistirá en la observación de las jornadas escolares y la aplicación de entrevistas semi-estructuradas a una muestra significativa de adolescentes.

La fase cuantitativa consistirá en la evaluación de la relación entre adolescentes y medios de comunicación y tecnologías a través de un cuestionario para determinar su nivel de alfabetización mediática. Este instrumento permitirá identificar su interacción con distintos géneros, productos mediáticos, plataformas digitales, así como la posibilidad de resolver problemas de índole cognitiva a través de estos dispositivos en distintos contextos y su capacidad para identificar situaciones de riesgo en entornos virtuales.

Por otro lado, se recurrirá a un acercamiento cualitativo al objeto de estudio a través del análisis de diversos factores presentes en la interacción del adolescente con el medio de comunicación a través de la observación y la aplicación de entrevistas semi-estructuradas para conocer: la infraestructura que posibilita la relación sujeto-medio de comunicación, los otros actores sociales que influyen en este proceso así como los espacios que lo facilitan, y finalmente las estrategias (escolares, familiares o autónomas) que han dado origen a la adquisición de sus habilidades como nuevos usuarios de medios de comunicación y tecnologías.

Debido a que el rango de edad que comprende la adolescencia varía mucho en función de la disciplina que lo aborde o inclusive dependiendo del país, se ha decidido considerar como sujetos de investigación para este trabajo a adolescentes de 13 a 15 años de edad, etapa que coincide con las edades señaladas por diversos autores y organismos internacionales como la OMS y la OPS: "la adolescencia empieza entre los 10 y los 13 años, y termina entre los 18 y los 22 años" (Santrock, 2004 referido por Ibarra Aguirre y Jacobo García, 2014).

La "Escuela A"[1] es una secundaria pública estatal localizada en el municipio de Zapopan. Esta institución es reconocida debido a su buen nivel académico, además ha sido beneficiada con diversos programas gubernamentales relacionados con infraestructura y equipamiento tecnológico escolar, entre los que destaca el programa *Habilidades Digitales para Todos*. Esta escuela ofrece a sus alumnos diversos talleres relacionados con el uso de medios de comunicación y tecnologías, específicamente la computadora: taller de ofimática y taller de informática con una carga horaria de ocho horas a la semana. Asímismo, en sus clases regulares los estudiantes tienen la oportunidad de interactuar con otras herramientas pues todas las aulas están equipadas con computadora, proyector, bocinas y pizarrón para proyección.

Tiene un total de 775 alumnos en el turno vespertino, de los cuales 259 cursan el segundo año. Se trabajará con el grupo B de este grado que cuenta con 36 alumnos.

La segunda escuela elegida, "Escuela B", también está localizada en el municipio de Zapopan; se trata de un colegio privado que alberga en sus instalaciones a estudiantes desde kínder hasta bachillerato. Se ha elegido a este instituto debido a que, hasta ahora, es una de las pocas escuelas en la región que ha diseñado e implementado una estrategia exclusiva de integración de medios a sus procesos pedagógicos convencionales. Los alumnos de secundaria reciben la clase de Tecnología dos días a la semana, con una carga total de dos horas, y de igual forma, interactúan con este tipo de herramientas en otras clases pues las aulas del colegio también están equipadas con proyectores, sonido y computadoras.

Además, la institución organiza diversas actividades más allá de las asignaturas con el objetivo de que los estudiantes se acerquen al paradigma tecnológico en el entorno escolar como *Science Fair,* un evento anual en el que participan secundaria y preparatoria, y en el cual los alumnos presentan proyectos diseñados completamente por ellos en función del tema de la feria y son sometidos a un concurso; de igual forma en el marco de diversos eventos culturales se ofrecen talleres relacionados con el uso de medios de comunicación y tecnologías: fotografía, animación, cinematografía, edición de audio.

---

[1] Los nombres de las escuelas secundarias que forman parte de esta investigación son confidenciales, de este punto en adelante se hará referencia a ambas escuelas como "Escuela A" y "Escuela B", respectivamente.

Tiene cerca de 300 alumnos en nivel secundaria, de los cuales 59 son de segundo año. El grupo B ha sido designado para esta investigación y está conformado por 19 estudiantes.

El diseño de los instrumentos: La observación participante

Para Bisquerra Alzina (2002), esta técnica de levantamiento de datos permite observar la realidad de manera holística, supone la inmersión casi total del investigador en el campo, a través de la realización de actividades cotidianas propias de ese entorno; "es inductiva, emergente y flexible" (p.333). A través de este ejercicio en esta investigación en particular, se buscó identificar elementos que influyan en el desarrollo de la alfabetización mediática en los adolescentes; debido a que el principal enlace con los sujetos de estudio es la escuela en la que estudian, la observación se llevará a cabo durante sus jornadas escolares, teniendo como categorías iniciales las siguientes premisas:

- Cuáles son los principales usos de tecnología realizados en clase.

- En qué asignaturas se utiliza mayormente la tecnología.

- Cuál es la infraestructura escolar que permite que los adolescentes interactúen con tecnología en el entorno escolar.

- Cuál es el uso de tecnología realizado por los docentes.

- Qué usos hacen los adolescentes de la tecnología dentro y fuera del aula en los entornos escolares.

- Qué estrategias se llevan a cabo en la escuela que propician el desarrollo de la alfabetización mediática.

Los ejercicios de observación buscaron la paridad entre escuelas, es decir, fue necesario, en medida de lo posible, observar situaciones similares en ambas instituciones para facilitar la comparación entre universos:

- asignaturas convencionales (Matemáticas, Civismo, Física, etc.)

- asignaturas que implican el uso directo de tecnología (Tech, Taller de Informática, Talleres Audiovisuales)

- espacios libres de asignatura (recesos, pasillos, festivales)

Esta fue la primera etapa del trabajo de campo y los hallazgos iniciales encontrados a través de la observación permitieron afianzar el diseño de los otros instrumentos al posibilitar una visión real del entorno escolar en ambas escuelas y de la familiarización que tienen los adolescentes con el uso de medios de comunicación y tecnologías en este tipo de espacios.

El cuestionario

Específicamente para el objeto de investigación traído a discusión en este trabajo, el diseño de este instrumento de recolección de información se basó en las 55 dimensiones propuestas por Ferrés y Piscitelli (2012). El cuestionario está conformado por un total de 40 preguntas: dos preguntas abiertas, tres preguntas dicotómicas y 35 preguntas de opción múltiple, entre las que destacan cinco preguntas mixtas, es decir, que posibilitan dar más alternativas a través de la opción "otro". Se trata de un cuestionario en línea a través de la plataforma *Google Forms,* la cual ofrece la posibilidad de estructurar diferentes tipos de preguntas (dicotómicas, de opción múltiple, abiertas, etc.), incluir material audiovisual (imágenes, videos), categorizar los resultados automáticamente y exportarlos a través de hojas de cálculo.

Las preguntas que conforman el cuestionario a su vez pueden ser divididas en función de su objetivo:

- Variables demográficas: nombre y edad.

- Identificación de infraestructura: ejemplo, "Marca con una equis (X) los equipos que tengan en tu casa".

- Pertenencia a comunidades virtuales: ejemplo, "Marca con una equis (X) los perfiles de redes sociales con los que cuentes".

- Identificación de hábitos de uso de medios de comunicación y tecnologías: horas de conexión, objetivos del uso de estas herramientas, valoración del tiempo invertido.

- Opinión: con estas preguntas se busca analizar las repuestas de los adolescentes respecto a diversos productos mediáticos, haciendo énfasis en la aparición de estereotipos, publicidad, elementos audiovisuales, etc.

- Información: esta serie de preguntas se propone identificar conocimientos específicos acerca de la función de los medios en la sociedad, ejemplo: "¿qué es el rating?".

Resultados preliminares y discusión

Cuando este proyecto de investigación inició la diferencia primordial entre ambas escuelas, e inclusive la decisión de elegirlas, fue su carácter público y privado, sin embargo, los primeros acercamientos al campo permitieron afianzar el análisis hasta llegar a eliminar del eje principal de análisis esta diferencia, pues durante los ejercicios de observación se pudo verificar que la situación en cuanto a la implementación de medios de comunicación y tecnologías en ambas escuelas es bastante similar: los espacios están equipados con infraestructura útil, en mayor o menor medida, pero la utilización es estos aparatos depende del profesor; el uso de dispositivos personales está estrictamente prohibido en ambas escuelas, y a pesar de eso, sucede: los adolescentes utilizan deliberadamente sus teléfonos móviles en patios y pasillos muy a pesar de los maestros. Este tipo de razones permitieron ampliar el análisis a otros elementos presentes en la relación adolescente-tecnología, como la relación con padres, hermanos o amigos en entornos informales

La primera fase del levantamiento de la información se llevó a cabo a partir de octubre de 2017 y hasta febrero 2018, es importante mencionar que a la fecha de realización de este documento, las visitas a las escuelas para realizar los ejercicios de observación ya se habían completado, así como la aplicación del cuestionario y la consiguiente evaluacion de las respuestas al instrumento, por lo tanto, a continuación se presentan algunos hallazgos encontrados en esta etapa, a la espera de continuar con el diseño de la entrevista semi-estructurada y su correspondiente aplicación a los adolescentes que hayan obtenido los mayores y menores puntajes en el cuestionario.

Los resultados de la fase cuantitativa de este estudio, realizada a través de la aplicación del cuestionario de alfabetización mediática en ambas escuelas, son resumidos a continuación:

Tabla I.- Puntuaciones obtenidas en el cuestionario.

Escuela	Cuestionarios Aplicados	Promedio Total Grupal	Puntuación máxima obtenida	Puntuación mínima obtenida	Promedio Grupal Fem.	Promedio Grupal Masc.
Escuela A	36	78.7	96	69	83.4	73.5
Escuela B	19	87.4	96	77	87.9	87

Fuente: elaboración propia.

Como puede observarse, los promedios grupales de cada escuela son marcadamente diferentes, aunque es importante mencionar que, si bien, las máximas puntuaciones obtenidas fueron iguales, en puntaje y recurrencia (dos adolescentes en cada escuela), la diferencia trascendental en este plano general está dada por las puntuaciones mínimas obtenidas debido a que en una escuela fue de 69 puntos (Escuela A), mientras que en la otra fue de 77 puntos (Escuela B). Otro hallazgo encontrado en ambas escuelas es que la puntuación obtenida por las mujeres es mayor que la de los hombres: en el caso de la Escuela B esta diferencia es mínima, únicamente nueve décimas de punto, sin embargo, el promedio grupal de las mujeres de la Escuela A es significativamente mayor que el de los hombres, casi diez puntos de diferencia.

Un hecho a señalar es que ningún adolescente, en ninguna de las dos secundarias, obtuvo el puntaje máximo de 119 puntos que suponía el cuestionario, siendo 96 el puntaje más alto registrado en ambas escuelas.

El cuestionario fue diseñado en función de los cincuenta y cinco indicadores de la competencia digital propuestos por Ferrés y Piscitelli (2012), los cuales, a su vez, se encuentran agrupados en seis dimensiones que responden a una tipologia de habilidades específicas en cuanto al manejo de contenido mediático, de forma que, una vez aplicados los cuestionarios y sistematizadas sus respuestas, fue necesario rescatar los promedios grupales de cada escuela obtenidos en cada dimensión, y dividirlos también en función del género para contrastar los datos:

Tabla II.- Puntuaciones obtenidas por dimensión.

	Promedio Grupal Esc. A	Promedio Grupal Esc. B	Máxima Esc. A	Máxima Esc. B	Mínima Esc. A	Mínima Esc. B	Promedio Grupal Fem. Esc. A	Promedio Grupal Fem. Esc. B	Promedio Grupal Masc. Esc. A	Promedio Grupal Masc. Esc. B
Lenguajes	5.89	6.04	8.4	8.4	3.6	4.8	5.7	5.7	6	6.4
Tecnología	7.42	7.6	9.5	8.5	5.5	6	7.4	7.8	7.4	7.4
Interacción	7.18	7.91	9.5	9.5	5.3	5.8	7.2	7.9	7.1	7.9
Producción	6.46	7.53	8.8	8.8	4.1	4.7	6.5	7.9	6.3	7.1
Ideología	7.92	8.13	10	9.4	6.3	6.6	8	8.4	7.8	7.9
Estética	5.53	5.71	8.3	8.3	3.2	3.3	5.3	5.2	5.7	6.3

Fuente: Elaboración propia.

Atendiendo a la tabla anterior puede observarse que los promedios por dimensión obtenidos en cada una de las escuelas son distintos, y que además en cada uno de los rubros especificados, la Escuela B obtuvo los puntajes más altos.

En el caso de las máximas puntuaciones obtenidas por dimensión en cada secundaria, la Escuela A obtuvo las más altas y además, fue el único caso en donde se presentó la obtención del puntaje máximo posible en una dimensión (ideología). Si bien fueron mínimas las diferencias en las puntuaciones máximas por dimensión obtenidas entre ambas escuelas, hubo una diferencia significativa en las puntuaciones mínimas obtenidas en las dos secundarias, siendo la Escuela A quien reflejara nuevamente los puntajes más bajos.

En el caso de ambas escuelas, fue la dimensión "Ideología" la que obtuvo mejor promedio grupal, mientras que de igual forma en las dos secundarias la dimensión "Estética" registró el puntaje más bajo. En realidad, los resultados encontrados en las puntuaciones por dimensión variaron mínimamente:

Tabla III.-   Relación de dimensiones por escuela

Posición	Escuela A	Escuela B
Primer lugar	Ideología	Ideología
Segundo lugar	Tecnología	Interacción
Tercer lugar	Interacción	Tecnología
Cuarto lugar	Producción	Producción
Quinto lugar	Lenguajes	Lenguajes
Sexto lugar	Estética	Estética

Fuente: Elaboración propia

Esta coincidencia en los resultados encontrados en ambas escuelas permiten inferir que el dominio de algunas habilidades correspondientes a ciertas dimensiones por encima de otras puede ser una constante en otros adolescentes en condiciones similares.

Volviendo al punto señalado al inicio de este último apartado, a pesar de que el eje de análisis no estuvo en si la escuela de pertenencia era de índole pública o privada, en la siguiente fase del levantamiento de la información será necesario explorar el papel de los padres, hermanos y amigos en el desarrollo de la alfabetización mediática de los adolescentes, enfatizando también el nivel socioeconomico como factor determinante para el acceso y uso de medios de comunicación y tecnologías en espacios ajenos al contexto escolar. A partir de este punto de la investigación, todavía en proceso, resulta necesario acotar el guion de entrevista semi-estructurada que será aplicable a seis adolescentes en total, tres de cada escuela, misma que subsanará el sesgo en el acceso a otros espacios constitutivos de la vida de los sujetos, como lo es su hogar.

En función de los resultados encontrados en las primeras fases del levantamiento de información puede constatarse la necesidad de la vinculación de la escuela con la realidad fuera de las aulas pues, si bien, hasta ahora la mayoría del tiempo invertido en el uso de la tecnología se hace fuera del contexto escolar, no significa que las habilidades necesarias para comprender la naturaleza del medio no sean una responsabilidad de las labores educativas. Proveer a los alumnos del criterio necesario para comprender un medio, la naturaleza de su mensaje y la importancia de la información son deberes propios de un proceso educativo formal, en el que como tal, los padres también juegan un papel importante al complementar y enriquecer en casa los saberes aprendidos en la escuela.

Referencias

AMIPCI (2016). "12o Estudio sobre los Hábitos de los Usuarios de Internet en México 2016". Amipci-Infotec, (20). Recuperado de: https://doi.org/10.1017/CBO9781107415324.004

Barranquero, A. (2006). Comunicación/educación para el desarrollo en Latinoamérica. Memorias de una fértil confluencia. Eptic. Revista de Economía Política de las Tecnologías de la Información y Comunicación, Vol. 8, N. 3, pp. 77-91 http://hdl.handle.net/10016/21820

Bisquerra, R. (2002). Métodos de investigación educativa: Guía práctica. Barcelona: CEAC.

Ciurel, D. (2016). MEDIA LITERACY. Professional Communication and Translation Studies, (9), 13-20.

Contreras-Pulido, P., Palanco Salguero, A., & Aguaded-Gómez, J. I. (2013). Herramientas De Evaluación Del Nivel De Competencia Mediática En La Enseñanza Obligatoria En España. Communication & Papers. Retrieved from http://communicationpapers.files.wordpress.com/2013/01/nc3bamero2_communicationpapers_semestre1.pdf

Coslado, A. B. (2012). "Educomunicación: desarrollo, enfoques y desafíos en un mundo interconectado". Foro de Educación, 10(14), 157-175. Recuperado de: http://forodeeducacion.com/ojs/index.php/fde/article/view/22

Dornaleteche-Ruiz, J., Buitrago-Alonso, A., & Moreno-Cardenal, L. (2015). Categorización, selección de ítems y aplicación del test de alfabetización digital online como indicador de la competencia mediática. Comunicar, 22(44), 177-185. doi:10.3916/C44-2015-19

Fedorov, A., Levitskaya, A., & Camarero, E. (2016). Curricula for Media Literacy Education According to International Experts. European Journal of Contemporary Education, 17(3), 324–334. https://doi.org/10.13187/ejced.2016.17.324

Ferrés Prats, J. (2007). La competencia en comunicación audiovisual: dimensiones e indicadores. Comunicar, 29; 100-107.

Ferrés, J. & Piscitelli, A. (2012). La competencia mediática: propuesta articulada de dimensiones e indicadores [Media Competence. Articulated Proposal of Di- mensions and Indicators]. Comunicar, 38, 75-82. doi: http://dx.doi.org/10.3916/C38-2012-02-08

Ferrés, J., García Matilla, A., Aguaded Gómez, I., Fernández Cavia, F., Figueras, M., Blanes, M. (2011). Competencia Mediática Investigación sobre el grado de competencia de la ciudadanía en España. Primera Edición. ISBN: 978-84-369-5206-3

Ibarra Aguirre, E., Jacobo García, H. (2014). Adolescencia Evolución del autoconcepto. México, D.F. Juan Pablos Editorial

Jensen, K. B. (2012). "10. Communication in contexts: beyond mass-interpersonal and online-offline divides", en AA. VV., A Handbook of Media and Communication Research. Qualitative and Quantitative Methodologies (pp. 186-202). Londres y Nueva York: Routledge.

Levis, D. (2006). "Alfabetos y saberes: la alfabetización digital". Comunicar, (marzo), 78-82.

McDougall, J., Kendall, A. (2012). "Alfabetización mediática crítica en la postmodernidad". Comunicar, Sin mes, 21-29.

Orozco Gómez, G. (2000). Travesías y desafíos de la investigación de la recepción en América Latina. Comunicación Y Sociedad, 11–36.

Ortega Sánchez, Isabel; (2009). LA ALFABETIZACIÓN TECNOLÓGICA. Teoría de la Educación. Educación y Cultura en la Sociedad de la Información, Julio-Sin mes, 11-24.

Pascual, I. R. (2006). Infancia y nuevas tecnologías: un análisis del discurso sobre la sociedad de la información y los niños, 43, 139–157. Recuperado de: http://rabida.uhu.es/dspace/handle/10272/8446

Potter, W. J. (2004). Theory of media literacy: a cognitive approach. Los Ángeles, Sage

Potter, W.J. (2001). Media Literacy. Los Ángeles: Sage

Riveros, V., Arrieta, X., Delgado, M. (2009). "Uso de las TIC en educación, una propuesta para su optimización". Omnia, (15), 58-77. Recuperado de: http://www.redalyc.org/articulo.oa?id=73712297005

Sánchez Bursón, J. M. (2008). "La infancia en la Sociedad del Conocimiento". Revista Iberoamericana de Ciencia, Tecnología y Sociedad - CTS, (4), 23-43. Recuperado de http://www.redalyc.org/articulo.oa?id=92441103

Tyner, K., Gutiérrez, A. (2012). "Educación para los medios, alfabetización mediática y competencia digital". Comunicar, XIX. Recuperado de: http://www.redalyc.org/articulo.oa?id=15823083005 ISSN 1134-3478

Capítulo V

LA AMISTAD ADOLESCENTE EN UN MUNDO HIPERCONECTADO

Dr. Alberto Sánchez Rojo
Universidad Pontificia Comillas, España
Dr. Josu Ahedo Ruiz
Universidad Internacional de La Rioja, España

Resumen

Tras más de una década de revolución tecnológica en el ámbito de la educación, tal vez sea momento de pensar en las consecuencias. El adolescente de principios del siglo XXI, nada tiene que ver con el adolescente de finales del siglo XX. El modo en que se relaciona con el mundo y con los demás es totalmente distinto. Por un lado, está más y mejor informado, lo cual hace que las oportunidades en cualquier ámbito de su vida se hayan visto ampliadas. No obstante, por otro lado, vive en un mundo acelerado que no siempre permite disponer del espacio y del tiempo suficientes como para realmente procesar la información que recibe. Siguiendo como metodología el análisis crítico de textos, este trabajo se divide en dos partes. En una primera, describiremos los elementos que caracterizan la manera en que los adolescentes se relacionan hoy en día. En una segunda, nos centraremos en una de las relaciones que en mayor medida marcan su formación humana durante esta etapa, la amistad. Las relaciones de amistad se han visto reducidas a estar a gusto con otra persona, puro sentimiento. Esto implica el olvido de la noción aristotélica de amistad, principal virtud para alcanzar lo que los neo aristotélicos denominan el *human flourishing*. La amistad perfecta, según Aristóteles, implica desear lo mejor para el otro. El amigo perfecto es el que procura para el amigo el mayor bien que le puede dar: el crecimiento de la virtud. Esta concepción de la amistad unida al perfeccionamiento personal y a la mejora moral del amigo está ausente en las escuelas en las que se diseñan planes de convivencia pacífica, basados en la tolerancia. Por ello planteamos la necesidad de educar en la amistad, recuperando la ética aristotélica.

Palabras claves

TIC; redes sociales; desarrollo humano; filosofía de la educación; amistad.

1. Introducción

Basta con pasear por la calle, ir a una plaza, a un bar o a cualquier otro lugar público frecuentado para poder comprobar hasta qué punto el ciberespacio está presente en nuestras vidas. De hecho, está tan presente que ha modificado nuestras formas de ser y estar en el mundo, introduciendo modificaciones importantes en la manera que tenemos de relacionarnos con nosotros mismos y con los demás. Si por una parte nos es difícil estar más de menos de un minuto a solas con nosotros mismos sin sacar nuestro *smartphone* para comprobar qué hay de nuevo en el mundo y con quién o qué podemos interactuar, por otra parte, parecemos preferir esto al contacto físico y cara a cara con los demás. No es difícil ver mesas en los bares con gente alrededor de las mismas, juntos, pero cada uno atendiendo a su teléfono móvil. A su vez, si uno se pasea por los parques donde juegan los niños más pequeños, observará con toda seguridad múltiples madres, padres y cuidadores de ambos sexos que en vez de dialogar con el resto, mientras sus niños juegan, prefieren navegar e interactuar con otros en la red a entablar conversación con quien tienen al lado.

Los niños crecen hoy observando cómo interactúan sus adultos y éstos, a diferencia de cómo lo hacían las generaciones anteriores a ellos, lo hacen fundamentalmente a través de la red. El cambio no tiene por qué ser necesariamente malo, pero tampoco necesariamente bueno. Es por ello que merece la pena, pedagógicamente y pensando en qué tipo de personas del futuro queremos educar, pararse a reflexionar en torno a lo bueno y lo malo que puede acarrear esta nueva forma de socializar. De esta forma, esta contribución se plantea, en primer lugar, analizar desde un punto de vista general los cambios a nivel de interacción que ha producido el ciberespacio. En segundo lugar, y atendiendo específicamente a los adolescentes actuales, quienes son la primera generación en alcanzar la madurez en un mundo hiperconectado, nos centraremos en el concepto de amistad, esencial en esta etapa vital. Ambos análisis nos llevarán a concluir en la necesidad de seguir ciertas vías de trabajo educativo en pos de mantener una idea de humanidad que valga la pena ser conservada.

2. Jóvenes *online*: estilo de vida y comportamiento

Según el último informe de la Unión Internacional de Telecomunicaciones –organismo especializado en telecomunicaciones perteneciente a la Organización de las Naciones Unidas–, a principios de 2017, alrededor del 70% de los jóvenes, con una edad comprendida entre los 15 y los 24 años, tenía acceso a internet. Si bien es cierto que el porcentaje sigue siendo mayor en países desarrollados que en países en vías de desarrollo, la brecha cada vez es menor y la distancia entre unos y otros no deja de reducirse año tras año.

Acorde con este informe, esto se debe fundamentalmente al abaratamiento, no sólo de la conexión, sino también de los aparatos que la facilitan, sobre todo gracias a la invención y extensión del *smartphone* (UIT, 2017). Nuestro mundo globalizado funciona social y económicamente a través de las TIC, de manera que poder y saber utilizarlas se ha convertido en condición *sine qua non* para el logro de una igualdad real entre individuos a nivel planetario (Rodríguez, Grande y Cantón, 2016). El hecho de que la Organización de las Naciones Unidas se haya propuesto erradicar la brec, ha digital como uno de sus objetivos más inmediatos (ONU, 2015), nos hace pensar que en no muchos años el planeta entero podrá disfrutar, como ya lo hacen la mayoría de las personas en los países desarrollados, de una vida conectada; una vida que en dichos países ha comportado, tal y como veremos a continuación, importantes cambios en la manera que los individuos tienen de comportarse con el mundo, consigo mismos y con los demás, en todos los aspectos de su vida.

Uno de los ámbitos que en mayor medida ha cambiado gracias al desarrollo de las Tecnologías de la Información y la Comunicación (TIC) ha sido el político. Los ciudadanos están hoy, por un lado, más y mejor informados, pues tienen múltiples medios a través de los cuales recabar datos; y, por otro, más y mejor comunicados, ya que el ciberespacio no solamente permite consultar información sino también, y de manera sencilla, aumentarla y compartirla. Es por ello que, más allá sociedad de la información, nos encontramos desde hace algunos años en lo que se ha dado a llamar sociedad del conocimiento (Bindé, 2005); un tipo de sociedad donde todo el mundo puede participar, de modo que es cada vez más difícil ocultar o tergiversar la información, sin ser descubierto. Plataformas como *WikiLeaks* o *Anonymous* han dejado en evidencia a múltiples gobiernos, que se han visto en la obligación de pedir perdón y prometer mayor transparencia (Beyer, 2014).

Al mismo tiempo, la posibilidad de espacios de encuentros donde mostrar descontento con determinado estilo de vida, precariedad laboral o vulneración de derechos, hizo que a comienzos de la década del 2010 surgieran distintos movimientos sociales de personas indignadas con la vida que llevaban y que pedían a sus gobiernos, por un lado, soluciones y por otro, una mayor participación en las decisiones a tomar. Sin las TIC ninguno de estos movimientos podría haber tenido la repercusión pública que finalmente tuvieron. Así, podemos mencionar, por ejemplo, el movimiento 15M en España (Hernández, Robles y Martínez, 2013), el movimiento *Occupy Wall Street* en Nueva York (De Luca, Lawson y Sun, 2012), o las diversas revoluciones democratizantes producidas en varios países árabes de tradición no democrática entre los años 2010 y 2012, englobadas bajo el nombre de *Primavera Árabe* (Khondker, 2011). A esto habría que añadir la creación de plataformas como *Avaaz.org* o *Change.org*, las cuales surgen con la finalidad de recoger firmas que permitan exigir cambios en situaciones que puedan ser consideradas injustas (García, Del Hoyo e Fernández, 2014). Con un solo clic es posible influir en nuestro mundo, los gobernantes lo saben y es por ello que, a fin de verse respaldados, están creando herramientas que permitan no sólo que los ciudadanos conozcan las medidas que la administración pública está implementando, sino también su participación en las mismas (Pessini y Aparecida, 2015).

Es debido a esto que muchos consideran que el ciberespacio y las TIC se han convertido en herramientas de empoderamiento, sobre todo para los más jóvenes, que desde muy pequeños están creciendo acosttumbrados a su uso y presencia (García Del Dujo, Muñoz Rodríguez y Hernández Serrano, 2015). Dicho empoderamiento, no sólo se produce a nivel político, sino también a nivel social y privado, donde uno, incluso teniendo importantes carencias a la hora de socializar, puede siempre encontrar a alguien que le valore, que le haga sentirse bien, apreciado y escuchado. Cualquiera puede formar su pequeña comunidad y, al mismo tiempo, todos formamos parte de una comunidad global, ciberespacial, que no entiende de fronteras físicas y que, salvo en casos de censura informática, permite que todos estemos, incluso aunque no nos conozcamos, virtualmente conectados, en una especie de comunidad aumentada (Reig, 2012).

En la red podemos entretenernos con cosas serias o con cosas menos serias, podemos jugar, aprender, comprar, encontrar trabajo, conocer gente nueva o estar en contacto con aquellos que previamente hemos conocido en nuestra vida *offline*; podemos reir, podemos llorar, podemos indignarnos o podemos expresar al mundo entero hasta qué punto hemos encontrado la felicidad. El ciberespacio es un mundo de posibilidades que no debemos desaprovechar, pero que conlleva un estilo de vida, una manera de comportarnos y de proceder muy diferente a la que podíamos llevar cuando nuestra vida estaba alejada de las pantallas y que hoy podemos decir que ha adquirido un estatus cultural (Lévy, 2007). Cuando algo se torna cultura, su presencia pasa a determinar el modo en que uno crece, se educa y adquiere una identidad. Es por ello que merece la pena pararse a reflexionar en torno a la manera en la cual el ciberespacio determina nuestro modo de vivir y de actuar, por nosotros, pero sobre todo por las generaciones que aún están por llegar. A este respecto, podemos decir que al ciberespecio, de manera general, lo caracterizan los siguientes aspectos a nivel cultural:

- Inmediatez: Podemos adquirir de manera inmediata cualquier cosa que creamos necesitar, ya sea algo material, como una pizza, o algo inmaterial, como puede ser alguien con quien charlar. Es posible tener lo que queramos al momento, no es necesario esperar, lo cual puede parecer positivo. No obstante, si bien la espera es difícil de sobrellevar, algunos autores han mostrado hasta qué punto su experimentación tiene también mucho que enseñar (Schweizer, 2010).

- Rapidez: El hecho de que podamos obtener todo al momento, unido a la posibilidad de acceder a múltiples sitios al mismo tiempo, determina que todo vaya más rápido. Hay muchas cosas a las que atender y poco tiempo para hacerlo de manera que tenemos que darnos prisa si queremos abarcar todo. Nuestro tiempo es un tiempo copado, para algunos incluso colonizado (Hauser, 2015).

- Superficialidad: La velocidad que exige el atender a todo lo que reclama nuestra atención hace que nuestra vinculación sea meramente superficial, siendo por ello que nuestros vínculos, tanto con las cosas como con las personas, no dejen de fluctuar (Bauman, 2007).

- Control: El control se produce en dos sentidos. Por un lado, somos constantemente observados gracias a las redes sociales. Es nos pone en un punto de mira constante que hace que no queramos quedar mal. Es por ello que, por otro lado, valoramos el hecho de poder conactar con los otros marcando cierta distancia física. Eso nos permite pensar lo que vayamos a decir antes hacerlo. Esta es la razón fundamental de que prefiramos mensajear a conversar (Turkle, 2015).

- Multi-identidad: Tal y como hemos apuntado, no tenemos nunca por qué quedar mal, siempre podemos ser quien se espera de nosotros que seamos. Así pues, no tenemos por qué tener una personalidad, sino que podemos tener muchas, siempre bajo la premisa de agradar; no es necesario, por tanto, ser alguien, simplemente basta con parecerlo (Sibilia y Dogo, 2011).

Una vez caracterizado nuestro mundo hiperconectado actual, pasamos a estudiar más detalladamente una de las formas de relación humana que más riqueza otorga a nuestra especie; a saber, la amistad. A partir de Aristóteles definiremos en qué ha consistido esta tradicionalmente para, a continuación, teniendo en cuenta lo aquí expuesto, determinar hasta qué punto hoy se ve dificultado su desarrollo y en qué medida consideramos que potenciarla sigue siendo pedagógicamente importante.

3. La amistad aristotélica en contraste con las relaciones entre los jóvenes mediadas por las redes sociales

Aristóteles dedica el libro VIII y IX de la *Ética a Nicómaco* a explicar la amistad. En su concepción ética la amistad une la vida práctica y la contemplativa; es una clase de amor, la *philia*, que es una virtud o implica virtud[2]. Ser amigo es sentir amistad por el otro[3]. El amigo es otro yo porque la amistad consiste en tener para con el amigo la misma disposición que cada uno tiene para consigo mismo[4]. Es un amor desinteresado que trata sobre personas (Sellés, 2008). Por tanto, la amistad aristotélica radica fundamentalmente en querer más que en ser querido (Ariza, 2005). Esta caracterización implica que la amistad sea una virtud necesaria, cumbre del desarrollo de la voluntad, aunque, según Sellés (2008), en la Modernidad se concibió como un sentimiento, un afecto o una pasión. En este sentido, Walker, Curren y Jones (2016) distinguen entre una definición filosófica de la amistad frente a una concepción más psicológica relacionada con el sentimiento. Además, la importancia de la amistad como virtud supone la posesión y la actualidad de las demás virtudes éticas (Araiza, 2005). Sellés (2013) afirma que la amistad está en la cima de las virtudes.

Aristóteles establece tres tipos de amistad en función de los modos en que algo puede ser amado: utilidad, placer o el bien[5]. A las dos primeras las denomina accidentales y llama amistad perfecta a aquella en la que se ama al amigo por ser quién es. En esta, el amigo es querido en sí y para sí, absolutamente (Quero, 2010). Es la verdadera amistad que se da entre hombres de buen carácter, mientras que las otras dos lo son por semejanza a aquella (Araiza, 2005). La amistad perfecta solo puede darse entre personas buenas[6], ya que no es posible entre personas que no son virtuosas (Sellés, 2008). Polo (1999) afirma que esta amistad no se da entre personas malas porque estas son incapaces de comprender qué es el bien, ni lo advierten en los demás ni tampoco en sí mismos. No obstante, es pertinente aclarar que las tres son amistades porque se quiere al amigo, aunque sea por motivos diferentes (Calvo, 2003). Asimismo, Aristóteles señala tres condiciones para que exista amistad en una relación entre iguales: la benevolencia[7], la

---

[2] Cfr. *Ética a Nicómaco*, VIII, 9, 1155, 3.

[3] Cfr. Ética a Nicómaco, VIII, 9, 1159 a 34.

[4] Cfr. *Ética a Nicómaco*, IX, 9, 1170b7-8.

[5] Cfr. *Ética a Nicómaco*, VIII, 9; 1156a 10-12.

[6] Cfr. *Ética a Nicómaco*, VIII, 9; 1156b 10-15

[7] Cfr. *Ética a Nicómaco*, VIII, 1167, a 4.

reciprocidad[8] y el compartir algo. En este sentido, la benevolencia o la búsqueda del bien del otro han de ser recíprocas y conocidas por ambas partes (Laín Entralgo, 1986).

La amistad es muy valorada entre la gente joven porque según Aristóteles tiene un fuerte deseo de pasar tiempo junto al amigo y de compartir juntos[9]. Aristoteles señala que los jóvenes buscan la emoción y lo placentero antes que el bien para ellos, por eso es difícil que pueda darse entre ellos la amistad perfecta[10]. Sin embargo, la amistad es una de las experiencias más significativas en la adolescencia (Pascal, 2016).

En la actualidad, la amistad es concebida como una relación afectiva, como ayuda o apoyo, y también efectiva porque consiste en colaborar con el amigo (Luque y Luque, 2015). Esto implica destacar dos aspectos señalados por Aristóteles: primero, que la relación de amistad ha de ser consentida por ambos y, segundo, la existencia de algo que es compartido. Sin embargo, la diferencia está en que la sociedad del siglo XXI entiende ese *algo* como un bien pragmático y no en sentido ético como lo mejor para el otro en términos de bien. Por eso, actualmente cuesta imaginar la amistad como un hábito operativo bueno desinteresado, limitándose a una relación entre iguales basada en el interés. Actualmente, no se trata tanto de buscar el bien del amigo, sino lo que el otro espera de la relación de amistad (Martín, 2010).

El cambio que ha supuesto en los jóvenes la comunicación con la penetración de las redes sociales conlleva el peligro de falsear la relación de amistad tal y como la concibió Aristóteles. Las redes sociales son un espacio de encuentro en el que habitualmente se mantiene un contacto con 20 amigos o contactos (Espinar y González, 2009). Bohórquez y Rodríguez-Cárdenas (2014) señalan que en las redes sociales el concepto de amigo se difumina porque a veces se refiere a ellos como contactos, principalmente en plataformas virtuales como Facebook o Messenger o *seguidores* en el caso de Twitter. Las relaciones mediante las redes sociales implican un sentido de la amistad diferente a la aristotélica, ya que el bien del amigo es secundario y, además, no siempre existe la reciprocidad. Esto conlleva el riesgo de que los jóvenes no adviertan la profundidad de lo que Aristóteles planteaba. No obstante, sí que los jóvenes distinguen entre amigos de verdad y los colegas o compañeros, aunque esta distinción no se percibe con claridad en las redes sociales.

En las redes sociales los contactos son por utilidad o placer, el bien del amigo es secundario. Sin duda, los jóvenes prefieren comunicarse usando

---

[8] Cfr. Ética a Nicómaco, VIII, 9, 1155, b 33.

[9] Cfr. *Ética a Nicómaco*, VIII, 1156b 4-6.

[10] Cfr. Ética a Nicómaco, VIII, 1156a 32-34.

las redes sociales porque permite una comunicación activa, fomenta la sociabilidad, se sienten protagonistas y, además, facilita que el contacto con sus pares sea constante (Del Río, Sádaba y Bringué, 2010). En este sentido, para un adolescente si no *estás* presente en las redes sociales, no existes. La capacidad de comunicación y las habilidades sociales se miden por el éxito en las redes sociales, es decir, por el número de *likes* que se tiene o por los seguidores que te siguen. No obstante, estas relaciones a través de los medios digitales son más continuas, pero menos espontáneas (Pascal, 2016). Se caracterizan también porque los jóvenes utilizan un lenguaje propio, con códigos, abreviaturas y emoticones (Espinar y González, 2008). Sin embargo, la interacción digital es útil para mantener las relaciones de amistad, pero no contribuye necesariamente a hacerlas más ricas (Pascal, 2016). Al respecto, Espinar y González (2008) afirman que los jóvenes usan el móvil para la comunicación a través de las redes sociales, convirtiéndose en un instrumento que refuerza su identidad personal y como refugio frente a los adultos, escondiéndose en el lugar más íntimo para usarlo, el dormitorio personal. En este punto conviene advertir que el excesivo empleo de las redes sociales por los jóvenes crea problemas para llegar a acuerdos entre ellos, genera comportamientos hostiles y agresivos, se forjan relaciones poco profundas e impersonales, aparecen bajos niveles de autoconciencia e identidad individual (Prendes y Serrano, 2011).

La utilidad de las redes sociales en las relaciones entre los jóvenes es variada:

- Sirve para aumentar el grupo de amigos (Wolak, Mitchell y Finkerlhor, 2003; Herrera., Pacheco., Palomar, y Zavala, 2010).

- Ayudan a fortalecen el vínculo (Lenhart y Madden, 2007; Espinar y González, 2009).

- Facilitan la comunicación, ya que se aprovechan para iniciar la conversación (Wolak, Mitchell y Finkerlhor, 2003).

- Contribuyen a que los jóvenes con baja autoestima puedan interactuar de un modo más sencillo, superando la timidez (Challco, Rodríguez y Jaimes, 2016).

La familia es el ámbito fundamental para el cultivo de la amistad (Castillo, 1992), aunque esto no impide que pueda ser enseñada también en la escuela con programas específicos. Sin embargo, la educación de la amistad se ha enfocado a la consecución de destrezas sociales (Melero y Fuentes, 1992), lo cual impide concebirla como una disposición estable, es decir, como una virtud en el más pleno sentido aristotélico. Asimismo, la influencia de la educación emocional está suponiendo que hoy se piense que tener amigos implica necesariamente tener habilidades sociales. En este sentido, Giró (2011) afirma que con los amigos se aprenden los roles necesarios para el desenvolvimiento social. Sin embargo, ser amigo de otro no puede ser percibido como un rol, en sentido de un añadido, como si fuera algo postizo. Es cierto que los jóvenes buscan ser aceptados por el grupo de amigos, huyendo con pavor del miedo al rechazo. No obstante, ser amigo no es solamente la adscripción a un grupo.

Aristóteles afirma que nadie puede ser feliz sin amigos[11], por eso la propuesta aristotélica plantea una cuestión muy pertinente acerca de la posibilidad de proponer a los jóvenes una educación sobre la amistad perfecta en una sociedad hiperconectada. Elzo (2000) indica que los amigos son el espacio privilegiado de la socialización, pero la confusión de la amistad como una simple relación social es contraria a la concepción aristotélica de la amistad como virtud. En este sentido, la amistad que se origina entre los contactos de las redes sociales es instrumental, difícilmente puede ser considerada como una búsqueda del bien del otro porque la finalidad de las relaciones es otra.

4. Conclusiones

Comenzamos este capítulo haciendo mención a la perplejidad de una imagen; a saber, la imagen del sujeto conectado, que si bien parece en muchas ocasiones estar en su propio mundo y aislado, está al mismo tiempo conectado, interactuando. Los individuos se encuentran aparentemente ausentes de sus vivencias físicas del momento, pero están muy presentes en sus vivencias virtuales que, a pesar de producirse obligatoriamente bajo la mediación de aparatos, no dejan de ser tan reales como las otras, las que se producen sin mediación alguna y que durante siglos fueron las únicas que regían la vida humana. Los modos de interactuar y socializar han cambiado y eso es lo que nos hacía preguntarnos hasta qué punto, desde un punto de vista pedagógico, estas nuevas formas de ser y de estar en el mundo a través de la mediación de aparatos podían ser o no ventajosas para la formación humana de las nuevas generaciones, primero a nivel general y, segundo, centrándonos en la amistad, por ser el tipo de relación más importante durante la adolescencia.

Así pues, en una primera parte analizamos las principales ventajas que los jóvenes pueden encontrar en el ciberespacio, tanto a nivel público como a nivel privado. Desde el punto de vista de la participación política y la formación ciudadana, no cabe duda de que la red y los aparatos que la sustentan se han convertido para los jóvenes en herramientas de empoderamiento. Están más y mejor informados, teniendo mayores posibilidades para participar de aquello que a nivel político pasa en el mundo, así como

---

[11] Cfr. Ética a Nicómaco, VIII, 9, 1155 a 2-4.

de influir en ello siendo escuchados. Atendiendo a la esfera privada, las redes sociales han contribuido a que nadie se sienta solo y abandonado, todo el mundo, por muchas dificultades que pueda encontrar a la hora de socializar, tiene la oportunidad de conocer gente afín y de sentirse de algún modo apoyado por los demás.

Ahora bien, el principal inconveniente es que la red se mueve y nos hace movernos muy rápido. Es mucha información la que fluye y toda reclama nuestra atención. Decía Corea que en nuestro mundo "todo huele, todo brilla, todo significa. Nuestras prácticas cotidianas están saturadas de estímulos, entonces, la desatención o la desconexión son los modos de relación con esas prácticas o esos discursos sobresaturados" (Corea, 2004, 50) una desatención que acaba desembocando en superficialidad y que los jóvenes perciben cuando realmente necesitan del amigo y éste, con tantas cosas por ver, por sentir y por hacer, termina por no tener el tiempo suficiente para él. Es ahí donde los jóvenes experimentan una terrible sensación de soledad, muy a pesar de estar aparentemente acompañados (Turkle, 2011).

Es por ello que dedicamos una segunda parte a la amistad, recurriendo a Aristóteles por ser éste uno de los autores clásicos que mejor sentó las bases de la misma. Aristóteles distinguía entre tres tipos de amistad, la que se da por utilidad, la que se da por placer y la que se da por el bien en sí mismo, la virtuosa. Hoy en día los jóvenes pueden experimentar las dos primeras, no obstante, la última de ellas, la más perfecta, es difícil de desarrollar en un mundo que no deja de fluctuar y que está más centrado en el escaparate que en lo que se esconde detrás de él. Los adolescentes hoy en día tienen la posibilidad de jugar constantemente con su identidad. Dependiendo del contexto, cambian de personalidad, pretendiendo agradar; algo que no estaría del todo mal si les condujese a construirse al final una identidad estable a partir de la cual poder por sí mismos pensar. No obstante, como decíamos más arriba, todo se mueve muy rápido, la idea de bien cambia y fluctúa como todas las demás y si ya es complicado percibir el bien en uno mismo, más aún lo es percibirlo en relación a los demás.

Atendiendo a esta situación y teniendo en cuenta la importancia para el ser humano, en su desarrollo y perfeccionamiento como tal, de experimentar la que para Aristóteles era la amistad perfecta, concluimos la necesidad de trabajarla en las aulas. Los modos de hacerlo exceden un poco las dimensiones de este trabajo, pero apuntaremos al menos el camino a seguir. En primer lugar, tendríamos que trabajar con los alumnos la idea bien, en qué consiste y cómo ésta puede verse materializada cuando nos relacionamos con los demás. Esto nos llevará, en segundo lugar, a una segunda línea de trabajo, que se divide en dos y que es igualmente esencial. Por un lado, cómo hacer un buen uso de las redes sociales, cómo a través de ellas hemos de comportarnos y la importancia de tener presente no tanto lo que nuestros amigos muestran en la red, sino lo que esconden, que les hace ser quienes realmente son y verdaderamente merecedores de nuestra amistad. Por otro lado, y con el fin de que lo anterior tenga sentido, es imprescindible mostrarles la necesidad de trabajar en la desconexión temporal, disfrutando los momentos que ésta nos otorga si la sabemos aprovechar (Serrano-Puche, 2014). Huir de la superficialidad es imposible si la velocidad que nos exige el ciberespacio nunca permite parar a profundizar. Idea de bien y desconexión temporal son las ideas claves, por tanto, a trabajar desde un punto de vista educativo si queremos que las nuevas generaciones conozcan lo que es la verdadera amistad, lo cual resulta clave en el desarrollo de su propia humanidad.

Referencias bibliográficas

Araiza, J. (2005). Sobre la amistad según la teoría ética de Aristóteles, *Nova Tellus*, 23(2), 125-159.

Aristóteles (2010). *Ética a Nicómaco*. Madrid: Gredos.

Bauman, Z. (2007). *Amor líquido: Acerca de la fragilidad de los vínculos humanos*. México D. F.: Fondo de Cultura Económica.

Beyer, J. L. (2014). The Emergence of a Freedom of Information Movement: Anonymous, WikiLeaks, the Pirate Party, and Iceland. *Journal of Computer-Mediated Communication*, 19(2), 141-154.

Bindé, J. (2005). *Towards Knowledge Societies: UNESCO World Report*. París: UNESCO.

Bohórquez López, C. & Rodríguez-Cárdenas, D. E. (2014). Percepción de amistad en adolescentes: el papel de las redes sociales, *Revista Colombiana de Psicología*, 23(2), 325-338.

Calvo, T. M. (2003). La concepción aristotélica de la amistad, *Bitarte: Revista cuatrimestral de humanidades*, nº. 30, 29-40.

Cañón, R., Grande, M. y Cantón, I. (2016). Brecha digital: impacto en el desarrollo social y personal. Factores asociados. *Tendencias Pedagógicas*, 28, 115-132.

Castillo, G. (1992). *La educación de la amistad en la familia*. 3ª ed. Pamplona: Eunsa, NT, 27-30.

Challco, K., Rodríguez, S. y Jaimes, J. (2016). Riesgo de adicción a redes sociales, autoestima y autocontrol en estudiantes de secundaria, *Revista Científica de Ciencias de la Salud,* 9(1), 9-15.

Corea, C. (2004). Pedagogía y comunicación en la era del aburrimiento. En Corea, C. y Lewkowicz, I. *Pedagogía del aburrido. Escuelas destituidas, familias perplejas* (41-70). Buenos Aires: Paidós.

Daguerre, M. (2010). Sobre el valor de la amistad y su conflicto potencial con la moral. Una revisión del debate contemporáneo, *Diánoia*, 55(64), 47-69.

De Luca, K. M., Lawson, S. y Sun, Y. (2012). Occupy Wall Street on the Public Screens of Social Media: The Many Framings of the Birth of a Protest Movement. Communication, *Culture & Critique*, 5(4), 483-509.

Del Río, J., Sádaba, C. y Bringué, X. (2010). Menores y redes ¿sociales?: de la amistad al cyberbullying, *Revista estudios de juventud*, 88, 115-129.

Elzo, J. (2000). *El silencio de los adolescentes: Lo que no cuentan a sus padres*. Madrid: Temas de Hoy. Colección Vivir Mejor.

Espinar, E. y González, M. J. (2008). Jóvenes conectados. Las experiencias de los jóvenes con las nuevas tecnologías, *RES*, nº 9, 109-122.

Espinar, E. y González, M. J. (2009). Jóvenes en las redes sociales virtuales. Un análisis exploratorio de las diferencias de género, *Feminismo/s*, 14, 87-106.

García, M. C., Del Hoyo, M. y Fernández, C. (2014). Jóvenes comprometidos en la Red: el papel de las redes sociales en la participación social activa. *Comunicar*, 43, 35-43.

García del Dujo, A., Muñoz Rodríguez, J. M. y Hernández Serrano, M. J. (2015). Medios de interacción social y procesos de (de-re)formación de ciudadanías. *Teoría de la Educación. Revista Interuniversitaria*, 27(1), 85-101.

Giró, J. (2011). Las amistades y el ocio de los adolescentes, hijos de la inmigración, *Papers*, 96(1), 77-95.

Hauser, M. (2015). The Colonization and Decolonization of Time. *Philosophy Study*, 5(6), 287-291.

Hernández, E., Robles, M. C. y Martínez, J. B. (2013). Jóvenes interactivos y culturas cívicas sentido educativo, mediático y político del 15M. *Comunicar*, 40, 59-67.

Herrera, M., Pacheco, M., Palomar, J., y Zavala, D. (2010). La adicción a Facebook relacionada con la baja autoestima, la depresión y la falta de habilidades sociales. *Psicología Iberoamericana*, 18(1), 6-18.

Khondker, H. H. (2011). Role of the New Media on Arab Spring. *Globalizations*, 8(5), 675-679.

Laín Entralgo, P. (1986). *Sobre la amistad*. Barcelona: Espasa.

Lenhart, A., Madden, M., Rankin, A. & Smith, A. (2007). The use of social media gains a greater foothold in teen life as they embrace the conversational nature of interactive online media. Recuperado de http://www.pewinternet.org/files/old-media/Files/Reports/2007/PIP_Teens_Social_Media_Final.pdf.pdf

Lévy, P. (2007). *Cibercultura. La cultura de la sociedad digital*. Barcelona: Anthropos.

Luque, D. J. y Luque, M. J. (2015). Relaciones de amistad y solidaridad en el aula: un acercamiento psicoeducativo a la discapacidad en un marco inclusivo, *Revista Mexicana de Investigación Educativa*, 20(65), 369-392.

Melero, M. A. y Fuentes, M, J. (1992). Las amistades infantiles: desarrollo, funciones y pautas de intervención en el aula, *Investigación en la escuela*, 16, 55-67.

ONU (2015). *Transformar nuestro mundo: la Agenda 2030 para el Desarrollo Sostenible* (Aprobada en la resolución 70/1 del 25 de sepriembre de 2015). Recuperado de http://www.un.org/es/comun/docs/?symbol=A/RES/70/1

Pascal, M. (2016). *La amistad entre niños o adolescentes: una fuerza que ayuda a crecer*. Madrid: Narcea.

Pessini, M. y Aparecida, C. (2015). Revisão sistemática da literatura sobre democracia eletrônica e governo eletrônico. *Conpedi Law Review*, 9(1), 208-232.

Polo, L. (1999). La Amistad en Aristóteles, *Anuario Filosófico*, (29)/2, 477-485.

Quero, A. (2010). Sobre el ser del amigo: amistad y metafísica en Platón, Aristóteles, San Agustín y San Alberto Magno, *Pensamiento*, 66(247), 5-33.

Reig, D. (2012). *Socionomía: ¿vas a perderte la revolución social?* Barcelona: Deusto.

Sánchez, M., Prendes, M., & Serrano, J. (2011). Modelos de interacción de los adolescentes en contextos presenciales y virtuales, *Revista Electrónica de Tecnología Educativa*, 35, 1-14.

Schweizer, H. (2010). *La espera. Melodías de la duración*. Madrid: Sequitur.

Sellés, J. F. (2008). La educación de la amistad: una aproximación conceptual, *Educación y Educadores*, 11(1), 145-166.

Sellés, J. F. (2013). *Los tres agentes del cambio en la sociedad civil. Familia, universidad y empresa*. Madrid: Tribuna siglo XXI.

Serrano-Puche, J. (2014). Hacia una "comunicación slow": el hábito de la desconexión digital periódica como elemento de alfabetización mediática. *Trípodos*, 34, 201-214.

Sibilia, P. y Dogo, L. (2011). Vitrines da intimidade na internet: imagens para guardar ou para mostrar? *Estudos de Sociologia*, 16(30), pp. 127-139.

Turkle, Sh. (2015). *Reclaiming Conversation: The Power of Talk in a Digital Age*. Nueva York: Penguin Press.

Turkle, Sh. (2011). *Alone Together. Why We Expect More from Technology and Less from Each Other*. Nueva York: Basic Books

UIT (2017). *The World in 2017. ICT Facts and Figures*. Ginebra: Unión Internacional de Telecomunicaciones. Recuperado de https://www.itu.int/en/ITU-D/Statistics/Documents/facts/ICTFactsFigures2017.pdf

Walker, D.I., Curren, R., & Jones, C. (2016) 'Good friendships among children: A theoretical and empirical investigation', *Journal of the Theory of Social Behaviour*, DOI: 10.1111/jtsb.12100

Wolak, J., Kimberly, J. M. & Finkelhor, D. (2003). Escaping or connecting? Characteristics of youth who form close online relationships, *Journal of Adolescence*, 26, 105–119.

CAPÍTULO VI

LA IDENTIDAD DIGITAL DE LOS ADOLESCENTES: VARIABLES ASOCIADAS A LOS USOS Y RIESGOS DE LAS TIC

Teresa González-Ramírez
Universidad de Sevilla (España)

Ángela López-Gracia
Universidad de Sevilla (España)

Inmaculada Pedraza-Navarro
Universidad de Sevilla (España)

Resumen

La fuerte irrupción de la tecnología en nuestras vidas requiere un ejercicio de comprensión y reflexión acerca de sus implicaciones. Ventajas y beneficios que nos ofrecen, invisibilizan los riesgos que de ellas emergen. Riesgos que se acentúan en los menores por la precocidad con la que acceden a ellas, llegando a ocupar gran parte de su cotidianeidad. De este planteamiento surge esta investigación, cuyo objetivo fundamental es conocer que presencia tienen las TICs en el tiempo libre de los más jóvenes, usos y motivaciones de éstas, así como situaciones de violencia online que conocen en sus entornos más próximos. Se ha utilizado un diseño descriptivo tipo encuesta, usando un cuestionario para la recogida de datos. La muestra se compone de 287 estudiantes de educación secundaria de entre 13 y 17 años. Los resultados obtenidos muestran una fuerte presencia de la tecnología en el ocio, la comunicación y en las relaciones entre pares, visibilizándose la existencia de violencia online a través del móvil y redes sociales, ejercida en forma de amenazas, violencia verbal y psicológica; aspecto que en las relaciones amorosas se realiza a través del control e influencia sobre el entorno de amistades de la pareja. Los resultados obtenidos muestran coincidencias con investigaciones internacionales realizadas en contextos muy diferentes al presente estudio. Estos resultados pueden ser de utilidad para orientar las prácticas que realizan los adolescentes en un escenario digital.

Palabras clave

Adolescente, Ocio, TIC, Identidad digital, Redes sociales online, Acoso, Comunicación digital, Comportamiento digital

Digital identity of teenagers: Variables related with ICT Uses and Risks

Abstract

It is essential to do an exercise of understanding and reflection about implications from the breakneck rhythm which has ripped the technology in our lives. There are many benefits offered to us, nevertheless on many occasions make invisible the risks existence. Risks that are accentuated in adolescents, who have access to them too much early, occupying much of their daily life. So, it become important to know the presence that the ICT have in the youngster's leisure, their applications and motivations, as well as situations of violence online. The design of the research is descriptive and the method for collection of data was the survey. The research is contextualized in a secondary school in Seville. The sample is formed with 287 students between 13-17 years old. The results show the widespread use of technology in entertainment, communication and relationships between teenagers. Making visible the online violence through the mobile and social networks, exerted in way of threats, verbal and psychological violence. Particularly, in love relationships is made through the control and influence on the friendship environment of the couple. The results obtained show similarities with international researches carried out in different contexts of the current study. These results can be useful to practices guidance of adolescents in digital scenarios.

Keywords

Adolescent, Entertainment, ICT, Digital identity, Online social networks, Peer abuse, Digital communication, Digital behaviour

1. Introducción y estado de la cuestión

Las TICs, y el uso generalizado de estas, han transformado las relaciones entre las personas en el mundo actual, lo que es especialmente relevante en el caso de los jóvenes. Navegar por Internet, el uso de redes sociales virtuales, los videojuegos y el teléfono móvil han supuesto un cambio radical en las formas de comunicarse para la mayoría de ellos creando espacios relacionales cambiantes que van moldeando su identidad digital (Reolid, Flores, López, Alcantud, Ayuso y Escobar, 2016); el perfil que los jóvenes construyen en sus redes sociales, y el uso que hacen de éstas y de las aplicaciones que les permiten comunicarse e interaccionar con su entorno (Linne y Angilletta, 2016) son una muestra de su configuración identitaria.

Esta narrativa del yo en un espacio digital es a lo que denomina *identidad digital*, concepto que hace alusión a la identificación y atribución de singularidades de un sujeto (Dans, 2016), derivados del ejercicio y pertenencia al ciberespacio por medio de perfiles y cuentas privadas dentro de Internet, comentarios, fotos, textos, vídeos que colocamos y hacemos visibles en la Red. Se trata de una forma de definirnos y construirnos, de reflejar lo que somos y lo que nos gustaría ser (Área, Borrás y San Nicolás, 2015).

Este acercamiento a la generación interactiva se está abordando desde líneas de investigación que estudian los aspectos que los adolescentes privilegian en distintos contextos de interacción; en este sentido, destacan: a) *el uso de las TIC en contextos de ocio y tiempo libre*, b) *el uso de las TIC en contextos de comunicación e interacción social* y c) *el uso de las tecnologías en el contexto familiar*.

Los trabajos sobre *el uso de las TIC en contextos de ocio y tiempo libre*, ponen de relieve la importancia que adquieren éstas en su cotidianidad, acogiéndolas como herramientas que les ofrecen múltiples opciones y oportunidades para comunicarse, aprender y disfrutar de entretenimientos. La ausencia de ellos en este escenario supone un aislamiento de su entorno y sus iguales, dificultando cualquier posibilidad de ocio y/o comunicación interpersonal; con riesgo de verse excluidos de la interacción social (Área, Borrás y San Nicolás, 2015; Tsitsika, Janikian, Schoenmakers, Tzavela, Ólafsson, Wójcik, Macarie, Tzavara y Richardson, 2014). A nivel metodológico esta línea de investigación se concreta en realizar estudios cuantitativos para identificar los factores que facilitan o dificultan la inclusión y exclusión social digital.

Las investigaciones en *contextos de comunicación e interacción social*, presentan a las TICs desempeñando un papel protagonista en la socialización de nuestros jóvenes, destacan la facilidad que ellos encuentran detrás de una pantalla para socializar e interaccionar con los demás (Segovia, Mérida, Olivares y González, 2016), siendo la comunicación online a tiempo real el fin principal de las conexiones a Internet con el objetivo fundamental de mantener contacto con la red de amistades (Agreda, Hinojo y Aznar, 2016). En esta línea las redes sociales son concebidas como agendas interactivas.

Esta segunda línea de trabajo con un enfoque más social incorpora conceptos como capital social y/o bienestar social.

Finalmente, la investigación centrada en *el uso de las tecnologías en el contexto familiar* visibiliza la controversia que existe entre poner la tecnología a disposición de los jóvenes, y los miedos e incomprensión de los adultos hacia ésta. Según Fernández, Peñalva e Irazabal (2015) y Agreda, Hinojo y Aznar (2016), los adolescentes se hacen expertos y normalizan comportamientos donde se superponen continuamente contextos reales y virtuales. Estos aspectos chocan con la concepción y usos de la tecnología de aquellos que han tenido que aprender a desenvolverse en contextos digitales en la adultez (Agreda, Hinojo y Aznar, 2016). Dilucidada la importancia que tienen las TIC en el desarrollo de los más jóvenes, sería un craso error que los adultos intenten evitar el acceso. El problema no se soluciona con la prohibición, sino con la información y el trabajo para promover usos correctos y responsables (Área, Borrás y San Nicolás, 2015).

Por tanto, profundizar en la construcción de la identidad digital de los adolescentes en el propio medio es necesario para abordar con eficacia los fenómenos juveniles emergentes (brechas sociales, riesgos, movilización social, etc.) desde el ámbito educativo; conocer y visibilizar cuáles son los usos preferentes y motivaciones para el uso de las tecnologías en distintos contextos, nos permite además identificar si las prácticas preferidas de los adolescentes pueden exponerlos a riesgos en el caso de que no adopten comportamientos seguros. En esta línea numerosas investigaciones abordan la ubicuidad y capacidad de las TIC para llegar a audiencias significativamente mayores, la sensación de exención de responsabilidad e impunidad, la ampliación del número de acosadores, y la creación de espacios invisibles a los adultos. En el caso del acosado, no encuentra ningún lugar como refugio, y es que con las tecnologías el acoso es omnipresente, y encuentra desprotección total (Agreda, Hinojo y Aznar, 2016; Linne y Angilletta, 2016; López, Pino, Domínguez y Álvarez, 2013; Garaigordobil y Martínez-Valderrey, 2014). En la investigación de Linne y Angilletta (2016), llegaron a la conclusión de que las manifestaciones de violencia online que más se presentaban entre los jóvenes adolescentes eran por un lado las amenazas y advertencias de una violencia futura, peleas y enfrentamientos que comienzan online y que se acaban materializando de manera presencial. Según López, Pino, Domínguez y Álvarez, (2013) los principales motivos para este acoso: azar, burlas, insultos, humillaciones, desprestigio personal y social, bromas y aislamiento.

Un ejercicio específico de violencia a través de las TICs es la de *género en parejas adolescentes*. Martín, Pazos, Montilla y Romero (2016) tienen muy presente que las relaciones se desarrollan en entornos tecnológicos. Siendo sensibles a la temática de la Violencia en el Noviazgo (VN), han realizado un acercamiento a las nuevas manifestaciones de la VN a través de las TICs. Con la llegada de aplicaciones de mensajería instantánea y las redes sociales, tenemos acceso a cualquier persona en cualquier momento, sabemos si está disponible, donde y con quién está, etc. lo que se traduce en estar pendientes del móvil en todo momento, haciendo que nuestras relaciones puedan verse afectadas por discusiones que derivan del uso y gestión de las plataformas virtuales. Llegan a verse conductas en las que se intenta controlar e influir sobre el entorno de amistades de la pareja, ropa que debe utilizarse, formas en las que se debe gestionar e incluso coaccionar para que se den de baja en redes sociales y aplicaciones, obligar a la otra persona enviar fotografías y vídeos, usurpar contraseñas, etc. (Martín, Montilla, Pazos y Romero, 2013).

Los trabajos y líneas de investigación hasta aquí expuestas muestran los escenarios TIC con los que los jóvenes interactúan, y cómo a través de ellos van configurando su identidad digital centrándose básicamente en variables que muestran la frecuencia y el sentido del uso de estas. Nuestra aportación pretende sumarse a esta línea de trabajos. Concretamente tratamos de responder a los siguientes interrogantes de investigación:

- ¿Qué presencia tienen las TIC en las actividades de ocio y tiempo libre de los jóvenes?

- ¿Qué uso hacen los adolescentes de internet y cuáles son las aplicaciones más utilizadas?

- ¿Qué uso hacen los adolescentes de las redes sociales y cuáles son las más utilizadas?

- ¿Existen expresiones de violencia en el uso de las TIC a través del móvil y las redes sociales en la población juvenil? ¿Qué tipo de prácticas violentas se generan con el uso de dispositivos móviles y redes sociales?

2. Material y métodos

La recogida de datos se ha realizado a partir de una adaptación actualizada del cuestionario elaborado por el Grupo de Investigación, Evaluación y Tecnología Educativa (GIETE), para llevar a cabo una Investigación de Excelencia titulada "Escenarios, tecnologías digitales y juventud en Andalucía" (Colás, González y de Pablos, 2013), compuesto por cuatro dimensiones (uso del tiempo libre, móviles, internet y comunicación instantánea) medidas en una escala tipo Likert donde los participantes gradúan la frecuencia de sus usos y acciones (0= nunca; 4= siempre).Y otras dos (redes sociales y móviles, redes sociales y parejas) construidas a partir de escalas nominales no excluyentes. La versión inicial del cuestionario fue revisada por un panel de expertos (n=8), todos ellos investigadores especialistas en Tecnología Educativa, sirviendo para mejorar la redacción y contenido de la propuesta inicial. Para el presente estudio se ha sometido a pruebas de fiabilidad (Alfa de Cronbach = 0,640) y validez: KMO ≥ 0,6.

Los datos presentados en este estudio se han recogido en un centro de Educación Secundaria de Sevilla con estudiantes de 1º a 4º de la ESO. La tabla 1 que mostramos a continuación muestra la población de referencia:

Tabla 1. Población del estudio

Educación Secundaria Obligatoria		
Curso	Líneas	Nº Alumnos
1º ESO	7	189
2º ESO	7	197
3º ESO	6	164
4º ESO	4	134
Total alumnos		*684*

Se realizó una selección muestral de tipo no probabilística incidental de 287 estudiantes de 2º y 3º de ESO. Esta muestra se compone de un 51,9% de chicos y un 48,1% de chicas con edades comprendidas entre 13 y 17 años; en este rango, el 89,2% tiene entre 13 y 15 años frente a los valores de 16 y 17 años, que tan sólo representan un 10,8%. De ellos, el 54% corresponde al curso de 2º, y el 46% restante son de 3º. El gráfico 1 ilustra esta distribución en cuanto a la edad.

Gráfico 1. Distribución de porcentajes variable edad

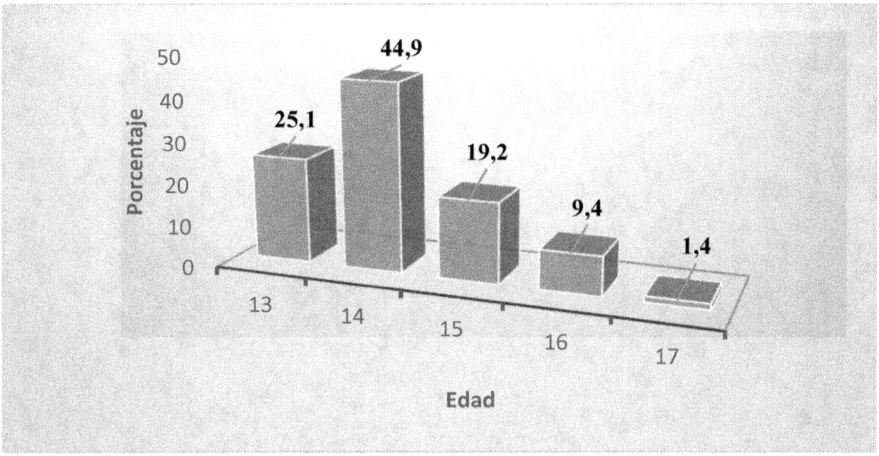

En cuanto a relaciones de pareja, el 18,2% de los estudiantes reconocen tener una relación de pareja en la actualidad, frente el 81,8% que no la tiene. Con anterioridad, el 67,6% afirma que sí las ha tenido, mientras que el 32,4% reconoce que hasta la fecha no ha mantenido una relación amorosa nunca.

A continuación, presentamos una serie de *variables asociadas al uso de las tecnologías*, por ser definitorias de la muestra del estudio. Con relación a la edad en la que empezaron a usar el móvil, el rango se sitúa entre los cinco y los catorce años, siendo la media 10,91 años. El valor más frecuente es 12 años, representa un total de 29,1%. A los 12 años el 90,50% de los sujetos, ya han comenzado a usar móviles.

Con respecto a la "Edad a la que comenzaste a conectarte a Internet", el rango de uso oscila entre los 4 y los 14 años, siendo la media de 10,16. A la edad de 12 años el 94,5% de los sujetos ya han comenzado a utilizar Internet y el 85,0% dispone de total libertad para conectarse.

En cuanto a la edad de comienzo para utilizar herramientas de comunicación, el valor más frecuente son los doce años, y es también a esta edad donde el 92,5% de los sujetos ya usa estas herramientas; siendo la media de edad de 10,96.

Finalmente, el rango de edades en las que comienzan a hacer uso de las redes sociales se encuentra comprendido entre los 6 y los 15 años, siendo el valor más frecuente los 12 años y la media de edad de 12.

El gráfico 2 muestra este perfil de acceso a las TICs según la edad.

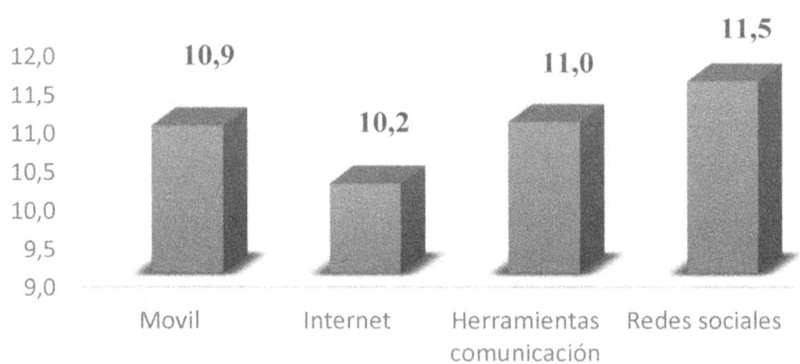

Los datos una vez recogidos fueron analizados con el programa estadístico informático SPSS (V.24); mediante técnicas de análisis descriptivas (frecuencias, porcentajes, medidas tendencia central (media y moda) y desviación típica como medida de dispersión.

3. Análisis y resultados

Los resultados obtenidos, los vamos a presentar de acuerdo con los diferentes objetivos de investigación planteados.

Respecto al primer objetivo de investigación, es decir, *conocer la presencia que tienen las TIC en el tiempo libre de los jóvenes,* los resultados obtenidos indican que *"estar con mi familia"* (media de 3,53) es la actividad que más frecuentemente realizan, seguida de *"escuchar música"* (3,49) y *"navegar por Internet"* (3,46). Actividades como *"ir a las fiestas de mi localidad"* (3,24) y *"ver televisión"* (3,13) resultan menos significativas; siendo destacables que en las opciones *"ver televisión"* y *"navegar por internet"* el nivel de dispersión de las respuestas de los estudiantes es menor (desviación típica 0,843 y 0,718 respectivamente).

Por tanto, esta información nos indica que el navegar por Internet está entre las actividades que más ocupan el tiempo de los jóvenes.

La tabla 2 y gráfico 3 que mostramos a continuación sintetizan estos resultados con relación al objetivo planteado.

Tabla 2. Distribución de frecuencias, medias y desviaciones típicas para "Tiempo libre"

Actividades que realizo en mi tiempo libre	1 Nunca	2 Ocasional	3 Algunas veces	4 Siempre	Media	Desv. Típica
Ir de compras	6,3%	33,4%	55,1%	5,2%	2,59	,688
Ver televisión	1,4%	25,8%	31,7%	41,1%	3,13	,843
Practicar deporte	6,3%	18,1%	35,2%	40,4%	3,10	,911
Navegar por Internet	0,7%	11,1%	29,6%	58,5%	3,46	,718
Estar con mi pareja	52,8%	10,5%	26,2%	10,5%	1,94	1,10
Estar con mi familia	0,7%	8,7%	27,5%	63,1%	3,53	,683
Ir al cine, conciertos, teatro, etc.	5,6%	63,1%	28,9%	2,4%	2,28	,603
Escuchar música	0,7%	9,4%	30,0%	59,9%	3,49	,694
Ir a las fiestas de mi localidad (Semana Santa, El Rocío, etc.)	5,6%	17,4%	24,4%	52,6%	3,24	,932
Salir de botellona	62,0%	18,5%	16,4%	3,1%	1,61	,870
Hacer excursiones con mis amigos/as	10,8%	41,8%	39,4%	8,0%	2,45	,791
Viajar con la familia	7,0%	38,0%	35,2%	19,9%	2,68	,870

Gráfico 3. Medias de la dimensión "Tiempo libre"

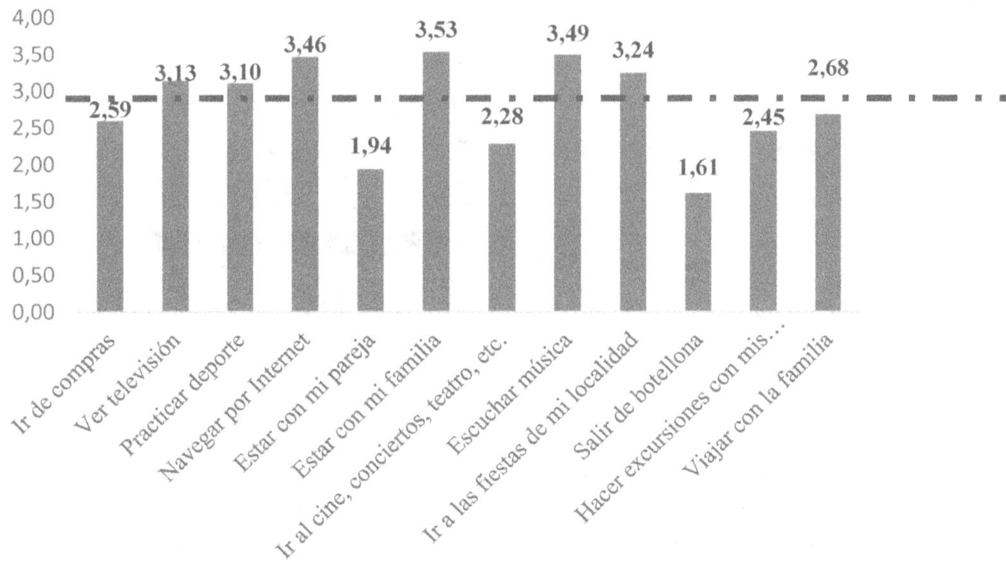

Con relación al segundo objetivo de la investigación qué uso hacen los adolescentes de internet y cuáles son las aplicaciones más utilizadas, los ítems que alcanzan medias superiores a 3 son: "estar en contacto con mis amigos" (media, 3,53), "ver vídeos, televisión y películas" (media, 3,12) y "aficiones como música, videojuegos, etc." (media, 3,01). Con una media muy próxima a 3 se sitúa subir fotos para compartirlas (Facebook, Instagram, ...) (media, 2,74), buscar información que me interesa (media, 2,64) y "realizar tares escolares" (media, 2,61).

En el extremo opuesto, las opciones de "vender objetos" y "por trabajo o para algo con lo que me saco unos euros" son las que menos representan al uso que los estudiantes hacen de sus conexiones a Internet. El Gráfico 4 sintetiza esta variabilidad.

Gráfico 4. Medias para "Frecuencias y conexiones a Internet"

Concepto	Media
Buscar información que me interesa	2,64
Trabajo o para sacar euros	1,21
Ver películas y series	2,39
Aficiones (música, videojuegos,...)	3,01
Estudiar	2,14
Realizar consultas y resolver dudas	2,34
Vender objetos	1,25
Realizar trabajos escolares	2,61
Comprar cosas que me gustan	1,71
Ver vídeos, programas TV o películas	3,12
Subir fotos para compartirlas	2,74
Estar en contacto con mi pareja	2,09
Estar en contacto con mis amigos/as	3,53

Los resultados obtenidos en cuanto a cuáles son los usos que los adolescentes realizan del móvil quedan recogidos en el Gráfico 5. Los más significativos son: *estar con contacto con los amigos* (media 3,73), *conectarse a Internet* (3,54), *escuchar música* (3.42) y *para hacer y ver fotos* (3.11).

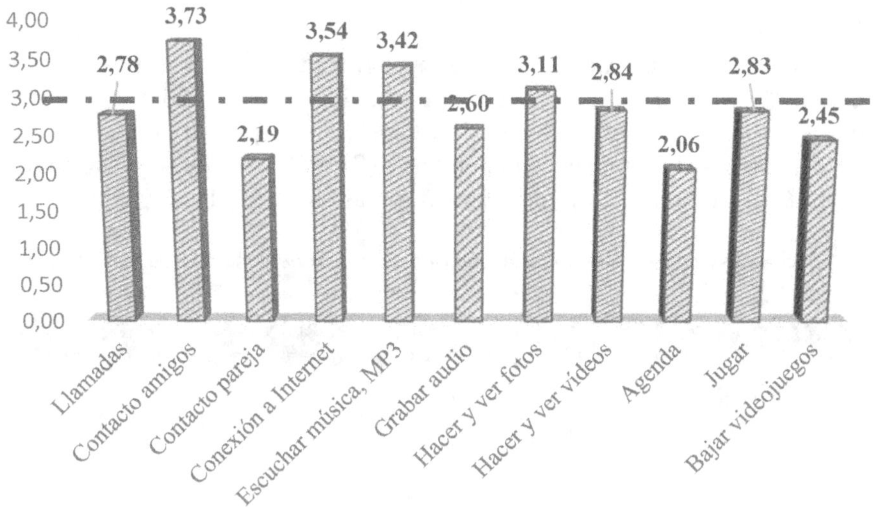

En cuanto al uso del móvil para mantener contacto con sus amigos, los resultados muestran que utilizan herramientas y aplicaciones que les permiten comunicarse a través de mensajería instantánea, algunas de ellas como WhatsApp que ha sido diseñada expresamente para ello, y en otros casos son usos específicos a través de las redes sociales más utilizadas: Facebook, Twitter, e Instagram.

La síntesis de resultados para este aspecto es la que se recoge en la Tabla 3 que aparece a continuación:

Tabla 3. Distribución de frecuencias, medias y desviaciones típicas para "Comunicación instantánea"

	1 Nunca	2 Ocasional	3 Algunas veces	4 Siempre	Media
WhatsApp	1,4%	3,8%	7,0%	87,8%	3,81
Messenger Facebook	77,3%	12,2%	7,3%	3,1%	1,36
Messenger Twitter	76,3%	12,9%	7,7%	3,1%	1,38
Messenger Instagram	13,7%	14,7%	31,6%	40,0%	2,98

En la tabla anterior podemos observar que WhatsApp, con una media de 3.81, es la herramienta más utilizada por los jóvenes a la hora de comunicarse, seguida de Messenger de Instagram con media 2,98.

En el lado opuesto, el 77,3% de los sujetos afirma que nunca utiliza Messenger de la red social Facebook, y el 76,3% tampoco usa nunca el de Twitter.

En los motivos que originan ese uso de herramientas (ver Tabla 4), para la comunicación instantánea podemos observar que a excepción de las opciones de "para ligar" y "estar en contacto con mi pareja", el resto de ítems toma valores superiores al 50%, destacando que principalmente lo usan para "quedar u organizar encuentros" (81,7%), "hablar con familiares" (79,2%) y "mantener contacto con compañeros/as de clase" (76,1%).

Tabla 4. *Distribución de frecuencias motivos de uso de herramientas de comunicación instantánea*

Motivos uso herramientas de comunicación instantánea	Sí	No
Mantener contacto con compañeros/as de clase	76,1%	23,9%
Charlar con amigos alejados o de otra ciudad o país	65,8%	34,2%
Hablar con familiares	79,2%	20,8%
Para quedar u organizar un encuentro	81,7%	18,3%
Para ligar	28,2%	71,8%
Para preparar trabajos	67,3%	32,7%
Para contactar con alguien en concreto	64,4%	35,6%
Para desconectar y pasar un rato de charla	56,7%	43,3%
Para estar en contacto con mi pareja	34,2%	65,8%

Finalmente, con relación al tercer objetivo *qué uso hacen los adolescentes de las redes sociales y cuáles son las más utilizadas*, los resultados muestran que la red social que presenta un mayor % es Instagram con un valor de 94,9%, seguida de Snapchat con 47,8%, Facebook con un 40,9% e Twitter con un 39,5%. El resto de las opciones toman valores muy bajos de representatividad. Además, evidencian que para el 75,7% la conexión es diaria, y que además un 75,5% cuenta con total libertad para conectarse, es decir, que no tienen a ningún adulto que les ponga normas y horarios de uso.

Cuando los estudiantes se conectan a las redes sociales, los principales usos que hacen de ellas, es "chatear" con un 87,2%, seguido de subir las fotos de las cosas que hago (62,2%) y conocer a otras personas (60,0%).

Finalmente es destacable que el 47,3% usa las redes para compartir sus estados de ánimo; en el extremo opuesto, los usos que apenas realizan los sujetos son los relacionados con la pareja.

En cuanto a los motivos para usar las redes sociales, los resultados muestran que el 87,6% lo hace para estar en contacto y compartir experiencias con sus amigos, seguido del 55,8% que el motivo es que le gusta saber lo que dicen sus amigos de las fotos que sube, experiencias que viven, etc. y finalmente el 54,9% las utiliza para hacer nuevos amigos.

Un aspecto especifico es con relación a si conocen situaciones de acoso con el uso del móvil; en este sentido, el 43,7% afirmó ser conocedor de ello, manifestando posteriormente que las formas más frecuentes en las que se produce el acoso son enviando mensajes ofensivos (76,7%) y amenazas (59,2%), siendo los motivos principales las discusiones y peleas (59,1%), y envidias (46,1%).

De manera más concreta, el 46,8% reconoce que se dan situaciones de acoso haciendo uso de las redes sociales, éstos además indican que las formas de acoso más frecuentes son la violencia verbal (77,6%) y psicológica (50,7%). Y los detonantes más comunes: las envidias (42,9%) y discusiones y peleas (58,3%). Hay que destacar que el 90,2% de los participantes que conocen esas situaciones de acoso, no identifican la normalidad y el atractivo de realizar este tipo de acciones.

Finalmente, en cuanto al objetivo *"Evaluar la emergencia de nuevas formas de violencia de género con el uso de dispositivos móviles y redes sociales"*, se les presentó a los sujetos una serie de afirmaciones para que identificaran si reconocían en sus propias parejas, o en las de su entorno algunas de las situaciones planteadas. Las respuestas que obtuvieron porcentajes superiores al 50% fueron: "Evitar dar Me gusta, seguir a otros chicos/as..." (60,8%), Eliminar aquellos contactos de redes sociales..." (55,9%), "Leer un mensaje de WhatsApp y no responderlo..." (48,0%) y "Darle a mi pareja las contraseñas de mi teléfono, email..." (46,1%).

4. Discusión y conclusiones

Los resultados obtenidos en este trabajo nos permiten constatar y, por tanto, establecer como conclusiones principales del estudio que, en relación con el empleo del ocio y *tiempo libre,* los jóvenes principalmente lo invierten estando con su familia, escuchando música, navegando por Internet y viendo televisión.

En cuanto al uso de las *tecnologías* móviles y conexión a Internet, ya sea en su cotidianeidad o tiempo libre, los motivos de uso más frecuentes en lo que respecta a *móviles*, son estar en contacto con los amigos, conectarse a Internet, escuchar música, hacer y ver fotos. En cuanto a *Internet*, las motivaciones de uso se vinculan a estar en contacto con sus amigos; para ello utilizan tanto redes sociales y herramientas de comunicación instantánea. En el caso de la mensajería instantánea, las más utilizadas son WhatsApp y el Messenger que les ofrece la red social Instagram; herramientas que utilizan tanto para estar en contacto con la familia y con compañeros de clase como para temas organizativos (crear eventos, movilizaciones, etc.). Otros usos frecuentes son ver vídeos, televisión y películas, sus aficiones, además de subir fotos y compartirlas a través de la Red. Otro uso significativo es estar en relación con la pareja; aunque solo atribuible a los tienen o han mantenido anteriormente una relación de pareja

En cuanto a las redes sociales, Instagram es la red que más usan y el Messenger de esta red es de las herramientas más utilizadas para comunicarse entre ellos. La comunicación en paralelo de distintos usuarios es el principal motivo que justifica el uso prioritario del chat de esta red social. Instagram les resulta atractiva porque se trata de una red donde la protagonista es la fotografía, y teniendo en cuenta que los usos predilectos del teléfono, de internet y redes sociales son: ver y hacer fotos, subirlas y compartirlas a redes sociales, y saber que piensan de éstas, en esta red encuentran espacio donde plasmar sus gustos e intereses.

Ordenadas según sus preferencias además de Instagram utilizan Snapchat, Facebook y Twitter. Su uso es diario, con total libertad de conexión, sin restricciones de horarios y normas. Las usan principalmente para chatear y conocer a otras personas, porque les gusta estar en contacto con sus iguales y compartir experiencias con ellos, además de hacer nuevos amigos. También subir fotos de su vida cotidiana y compartir sus estados de ánimo, porque les gusta saber qué opinan sus amigos de las fotos que suben y de las experiencias que viven.

Con relación al conocimiento de *situaciones de violencia* ejercida a través de las *TICs*, encontramos que el 50% de los estudiantes tiene constancia de situaciones de acoso llevadas a cabo a través de los móviles y las redes sociales. En caso de acoso con el *móvil*, éste se materializa a través de mensajes ofensivos y amenazas, motivados por discusiones, peleas y envidias. En las *redes sociales* hacen uso de violencia verbal y psicológica, por los mismos motivos (discusiones, peleas y envidias). Finalmente, en cuanto a las nuevas expresiones de violencia de género haciendo uso de móviles y redes sociales, algo más de la mitad de los sujetos manifiesta que es algo común evitar interacciones por redes sociales para evitar discusiones con la pareja. Incluso eliminar a aquellos contactos de redes sociales y del teléfono, con la misma finalidad, evitar discusiones. Un porcentaje muy cercano a la mitad de la muestra también dice que procuran no leer y responder mensajes de determinadas personas para evitar las desconfianzas, e incluso facilitan contraseñas del teléfono, email y redes sociales como muestra de total transparencia.

Atendiendo a las conclusiones obtenidas, y haciéndonos eco de la revisión de la literatura realizada, se evidencia la presencia de las TICs en la vida diaria de los jóvenes. En lo que respecta al tiempo libre y las TIC, Tsitsika, Janikian, Schoenmakers, Tzavela, Ólafsson, Wójcik, Macarie, Tzavara y Richardson (2014) y Linne y Angilletta, (2016) indican que los adolescentes las han acogido como herramienta que les ofrece la posibilidad de mantenerse comunicados e interaccionar con su entorno. Igualmente les brinda la oportunidad de disfrutar de múltiples entretenimientos. Aspectos que podemos identificar claramente en la investigación, cuando manifiestan que en su tiempo libre hacen uso de internet para mantenerse comunicados con sus amigos, ver videos, televisión, películas y escuchar música.

En el caso de los móviles, por su versatilidad e instrumentalidad, son herramientas que han incorporado a su quehacer diario (Sabida y Vidales, 2015; Castellana, Sánchez, Graner y Beranuy, 2007). Siendo éstos la plataforma necesaria para poder acceder y gestionar todos sus movimientos en la Red. Cuando acceden a esta, los principales motivos que se recogen en este estudio han sido los de mantener el contacto con el grupo de iguales, poder disfrutar de sus hobbies, y la interacción en RRSS compartiendo fotografías. Resultados que están en la misma línea que los aportados por Fernández-Montalvo, Peñalva, & Irazabal (2015) y Gómes Franco e Silva & Sendín Gutiérrez (2014), que nos dicen que estar en contacto con su entorno es una forma de entretenimiento, y a través de la conexión a Internet, concretamente con el uso de las RRSS, encuentra la forma de satisfacer esa faceta.

Las herramientas de comunicación instantánea también satisfacen esa necesidad de mantener el contacto con el grupo de iguales. En cuanto a preferencias y motivaciones, hemos de decir que los resultados obtenidos son coincidentes con los del Centro de Investigaciones Sociológicas (2016) y Kemp (2016), siendo WhatsApp la aplicación de mensajería instantánea más utilizada para interaccionar con su red de contactos. Sin embargo, en nuestro caso la segunda opción difiere. Estos dos estudios muestran que la segunda herramienta que prefieren los usuarios es el chat de Facebook, y en nuestro caso es el chat que encuentran en Instagram. Tal vez los motivos para ello residen en que Instagram es la red que más utilizan, y por comodidad hacen uso de todas las posibilidades que les ofrece esta red, desde la comunicación instantánea hasta la exposición y el compartir los aspectos cotidianos de su vida privada, así como sus gustos e intereses por medio de imágenes, estados de ánimo. De esta manera, los resultados obtenidos están en la misma línea que García-Jiménez et al. (2013) y Linne (2014), que nos dicen que no sólo buscan en las RRSS un aspecto superficial o carente de significado a través de lo visual de las fotografías, sino que también buscan la aceptación a través de la interacción con opiniones, sentimientos y afectos con su red social virtual.

Podríamos decir que, los más jóvenes ven en las TICs herramientas que les permiten ocupar y disfrutar en su tiempo libre, y que además les permite satisfacer las necesidades de interacción con su grupo de iguales, aspecto que es fundamental en la etapa. Además, en la predilección de RRSS que manifiestan, y atendiendo a investigaciones existentes en la materia, los jóvenes muestran una necesidad de comunicación de manera más icónica y visual, donde recoger su cotidianidad. Por medio de los comentarios, fotos, textos, vídeos que colocan y visibilizan en la Red, se definen y construyen, reflejando lo que son y lo que les gustaría ser (Área, Borrás y San Nicolás, 2015). En esa necesidad de compartir experiencias, valoran mucho lo que dice su red de contactos con respecto a los contenidos que generan. En este sentido, hay investigaciones que ya recogen como la no interacción con el contenido digital que se genera en RRSS puede ser un motivo de retirarlo, manteniendo sólo aquellos que son de interés para las audiencias (Almansa et al., 2013). En este punto podría ser donde aparecieran posibles riesgos en el modelado identitario de los jóvenes, si no se adoptan referentes adecuados.

En los efectos negativos de estos usos TIC, los resultados coinciden con los de las investigaciones de Linne y Angilletta (2016) y López, Pino, Domínguez y Álvarez, (2013), y es que en nuestra investigación también prevalece el acoso en forma de amenazas y violencia verbal y psicológica. Y en el terreno de las relaciones amorosas, en la misma línea que Martín, Montilla, Pazos y Romero (2013) vemos que la violencia se ejerce por medio del control e influencia sobre el entorno de amistades de la pareja, llevándolos a eliminar contactos para evitar discusiones, así como coaccionar la forma en las que se debe gestionar redes sociales y aplicaciones, evitando las interacciones con otras personas para evitar situaciones de celos. En nuestro caso, aparece como algo normal el dar las contraseñas como muestra de amor, así muestran la transparencia de las gestiones e interacciones.

Para concluir, es necesario reiterar que en plena era tecnológica, tenemos el mundo a nuestro alcance con un solo "clic", y cada vez a edades más tempranas se tiene acceso a las tecnologías. La libertad en el acceso de los más jóvenes, en cuanto espacio y tiempo se refiere, hacen de las tecnologías el aliado perfecto para ocupar su tiempo libre y para usarlas como espacio para mantenerse comunicado y en contacto, principalmente con su entorno más cercano. Pero hay que mantenerse alerta, porque todo no son ventajas y beneficios en esos usos, y es que queda patente que la ubicuidad y falso anonimato que les ofrecen las TICs hace que sean perfectas para nuevas expresiones de violencia. Es en este punto donde hay que visibilizar la necesidad de trabajo y actuación preventiva desde edades tempranas de familias, comunidad educativa, y profesionales de la educación para educar y sensibilizar desde todos los ámbitos. Para ello será necesario el uso de modelos y escenas cercanas a los jóvenes, así como una educación y observación del uso de las redes sociales en cualquier terreno y específicamente en el de las relaciones de pareja (Martín, Montilla, Pazos y Romero, 2013).

5. Referencias

Agreda, M., Hinojo, M. y Aznar, I. (2016). Estudio evaluativo del impacto de las nuevas tecnologías en la juventud y adolescencia en la provincia de Granada. *Revista Estudios Hemisféricos y Polares*, 7 (4), 61-77.

Almansa, A., Fonseca, O., & Castillo, A. (2013). Redes sociales y jóvenes. Uso de Facebook en la juventud colombiana y española. *Comunicar, 20*(40), 127–135. https://doi.org/10.3916/C40-2013-03-03

Área, M., Borrás, J.F. y San Nicolás, B. (2015). Educar a la generación de los Millennials como ciudadanos cultos del ciberespacio. Apuntes para la alfabetización digital. *Revista de Estudios de Juventud*, 109, 13-32.

Castellana, M., Sánchez, X., Graner, C. y Beranuy, M. (2007). El adolescente ante las tecnologías de la información y la comunicación: Internet, móvil y videojuegos. Papeles del Psicólogo, 28 (3), 196-204.

Centro de Investigaciones Sociológicas. (2016). Barómetro de Febrero de: Estudio nº 3128. Recuperado de: https://goo.gl/kS25KE

Colás, P., González, T. y de Pablos, J. (2013). Juventud y redes sociales: Motivaciones y usos preferentes. *Comunicar*, 40 (XX), 15-23.

Dans, I. (2015). Identidad digital de los adolescentes: la narrativa del yo. En Revista de Estudios e Investigación en Psicología y Educación, 13, pp. 1-4.

Fernández, J., Peñalva, A. e Irazabal, I. (2015). Hábitos de uso y conductas de riesgo en Internet en la preadolescencia. *Comunicar*, 44, pp. 113-120.

Garaigordobil, M. y Martínez-Valderrey, V. (2014). Efecto del Cyberprogram 2.0 sobre la reducción de la victimización y la mejora de la competencia social en la adolescencia. *Revista Psicodidáctica*, 19 (2); pp. 289-305.

García, A., López de Ayala, M.C. y Catalina, B. (2013). Hábitos de uso en Internet y en las redes sociales de los adolescentes españoles. *Comunicar*, 41, pp. 195-204.

Gómes Franco e Silva, F., & Sendín Gutiérrez, J. C. (2014). Internet como refugio y escudo social: Usos problemáticos de la Red por jóvenes españoles. *Comunicar: Revista Científica Iberoamericana de*

Comunicación Y Educación, (43), 45–53.
https://doi.org/http://dx.doi.org/10.3916/C43-2014-04

Kemp, S. (2016). We are social: Digital in 2016. Recuperado de:
https://goo.gl/fjeabY

Linne, J. (2014). Usos comunes de Facebook en adolescentes de distintos
sectores sociales en la Ciudad de Buenos Aires. *Comunicar*,
43(22), 189–197. https://doi.org/10.3916/C43-2014-19

Linne JW, Angilletta MF. (2016). Violencia en la red social: Una indaga-
ción de expresiones online en adolescentes de sectores populares
marginalizados del Área Metropolitana de Buenos Aires. *Salud
Colectiva*; 12(2), pp. 279-294

López, A., Pino, M., Domínguez, J. y Álvarez, E. (2013). Ciberbullying en
las aulas: incidencia, signos de alerta y propuestas didácticas. En
Gázquez, J. J., Pérez, M. C. y Molero, M. M. (Comps.), La Convivencia Escolar: Un acercamiento multidisciplinar, pp. 445 - 450.
Almería: Asociación Universitaria de Educación y Psicología.

Martín, A., Pazos, M., Montilla, M. V. C. y Romero, C. (2016). A current
mode of gender violence in couples of young people: Social networks. *Educación XX1*, 19 (2), pp. 405-429.

Reolid, R., Flores, M., López, M. Alcantud, P., Ayuso, M.C. y Escobar, F.
(2016). Frequency and characteristics of Internet use by Spanish
teenagers. A cross-sectional study. *Archivos Argentinos de Pedia-
tría*, 114 (1), pp. 6-13.

Sábada, C. y Vidales, M.J. (2015). El impacto de la comunicación mediada
por la tecnología en el capital social: adolescentes y teléfonos móviles. *Revista Virtualis, 11* (1), pp. 75-92.

Segovia, B., Mérida, R., Olivares, M.A. y González, E. (2016). Procesos de
socialización con redes sociales en la adolescencia. *Revista Lati-
noamericana de Tecnología Educativa*, 15 (3), pp. 155-167.

Tsitsika, A., Janikian, M., Schoenmakers, T.M., Tzavela, E., Ólafsson, K.,
Wójcik, S., Macarie, G.F., Tzavara, C. y Richardson, C. (2014). Internet Addictive Behavior in Adolescence: A Cross-Sectional Study
in Seven European Countries. *Cyberpsychology, behavior, and
social networking*, 17 (8); 528-535.

*Este libro se terminó de elaborar en noviembre de 2019
en la ciudad de Sevilla, bajo los cuidados de
Francisco Anaya, director de Ediciones Egregius.*